Hans Eder

Zweiter Aufschlag

Weitere Aufzeichnungen eines Tennisnarren

Illustriert von Erwin Frick

ISBN 3 - 922 375 - 04 - 9

Zweite Auflage 1980
Verlag: G. Kopf GmbH, Postfach 984, Böblinger Straße 18, 7000 Stuttgart 1.
Druck: Druckerei G. Kopf & Co. KG, Waiblingen-Bittenfeld.

HANS EDER

Weitere Erkenntnisse eines Tennisnarren

Fast (!) alle Geschehnisse und Personen dieser Aufzeichnung sind frei erfunden. Etwa auftretende Ähnlichkeiten mit lebenden Personen sind wiederum mit an Sicherheit grenzender Wahrscheinlichkeit nicht zufälliger Natur.

*

Mein Dank gilt allen Tennisfreunden für geduldiges Modellstehen; meinem Spiegelbild, das sich widerwillig beobachten ließ, und meiner Frau, die aus fliegenden Zetteln Manuskripte zauberte.

Ein Tennisnarr, der sich erkennt,
nur selten das Ergebnis nennt.
Dieweil, auch wenn er sonst nicht kleinlich,
ihm dies zumeist doch etwas peinlich.
Vermeid' drum Spieglein an der Wand,
den Kopf zufrieden tief im Sand!

Nur wenn ein andrer in der Mauer,
um Dich herum ein Loch entdeckt
und auch noch durchguckt, wirst Du sauer —
und fühlst Dich gänzlich aufgedeckt.
Und solltest doch nur eines machen,
auch ziemlich nackt noch herzlich lachen!

*

Das überflüssige Vorwort

Normal hätte ich jetzt geschwiegen. Aber wieder ereignete sich um mich herum so viel amüsant weiß-rotes, rot-weißes, blau- und grün-weißes, gelb-schwarzes, schmunzlerisch Tennishaftes, daß ich mich der Berichtspflicht eines, der den Spaß kaum für sich behalten kann, nicht zu entziehen vermag.

So wage ich den zweiten Aufschlag, den ich noch mehr anzutwisten versuche, denn im Twist, Topspin und Slice liegt alles Glück der roten Erde; und hoffe, daß kein Linienrichter ihn knapp aus sieht.

Fast jeder Tennisspieler fährt Ski. So rieselt diesmal etwas vom roten Sand in weiße Spuren, denn —

normal hätte ich nie verkantet. Er war es, der mich noch im Pulver-schnee verfolgte.

*

Die nicht ganz ernst zu nehmende Tennis-Wertskala

Es ist leichter geworden, Gleichgesinnte zu erkennen. Die Partnersuche im Urlaub wurde vereinfacht, weil sich Tennisspieler gern als solche ausweisen. An vielen Heckfenstern oder sonstwo klebt heute: »Tennis ist toll!«, oder drei Buchstaben, von denen die ersten zwei T.C. signalisieren. Man weiß also: hier ist einer!

Aber man weiß nichts über seine Spielstärke. Neben die Offenbarung: »Ich bin ein Tennisspieler« mittels eines konventionellen Aufklebers gehört die unkonventionelle Zahl, die Auskunft gibt. Die Ziffer einer Wertskala nämlich, dann wüßte man auf einen Blick Bescheid.

Hier ist sie:

Spiel-stärke	Erläuterungen	Preisgelder
1	Erstausrüstungsspieler mit Stunden beim Ersatztrainer	—
2	Spieler, die beim Aufschlag hoffen, daß der zweite sitzt	—
3	Neu zugezogene Spieler mit der Redensart: »Ich war früher sehr stark!«	—
4	Spieler, die fragen, wer der letzte in der Clubrangliste ist	—
5	Spieler in gehobenen Herrendoppeln mit Siegprämie	Bis 150 Halbe jährlich
6	Seniorenspitze auf Bundesebene mit Turnierambitionen	Ca. minus DM 10 000,- jährlich
7	Regionalligaspieler	Über Einkommen wird bei uns nicht gesprochen
8	Bundesligaspieler	Selbst über höhere nur ungern
9	Weltspitzenanwärter	Ab 100 000,- Dollar jährlich
10	Weltspitze	Ab 500 000,- Dollar jährlich

Einzige Gefahr: Der Aufkleber verlangt Selbsteinschätzung und Tennisspieler untertreiben nur selten.

Der rote Sand

Jeder Tennisspieler lebt mit ihm. Nicht nur auf dem Tennisplatz, in den Garderoben, den Duschen und Clubräumen — auch zu Hause im Schlafzimmer, im Bad, im Auto und unterwegs im Koffer. Er läßt uns nicht mehr los — er verfolgt uns und wir werden ihn nie abschütteln — ein ganzes Tennisleben lang.

Ich war unlängst bei einer Tagung, die nichts, aber auch gar nichts mit Tennis zu tun hatte. Im Hotel zog ich mich um, suchte im Koffer nach einer neuen Krawatte und bemerkte unter derselben ein paar rote Sandkörner. Gruß vom Tennisplatz! — Ich zog, ein paar Tage später, in einer Kabine meine Badehose über. Sie war innen etwas rauh. Ich schüttelte sie aus und etwas roter Sand fiel zu Boden.

Kennen Sie den verbissenen Kampf, den jeder Platz- und Gebäudewart gegen ihn führt? Gegen seinen Vormarsch von den Plätzen über die Terrassen in die Clubräume? Mit Sonderfußabstreifern und Spezialfußböden, mit Besen, Gartenschläuchen und Verboten. — Der Kampf ist noch nie gewonnen worden. Der rote Sand blieb stets Sieger. Gott sei Dank, denn — welch schönes Heimatgefühl befällt uns, wenn wir unterwegs aus dem Auto oder aus dem Zug das vertraute Rot entdecken: »Schau mal, ein Tennisplatz!« Oder wenn wir, im Urlaubsort eingetroffen, beim ersten Gang in der bekannten Richtung den geliebten roten Sand durch die Tannen, Palmen oder sonstwas schimmern sehen.

Er paßt eigentlich überall hin, außer in die Suppe, und auch dort würden wir ihn, ganz im Gegensatz zum Haar, knirschend, aber lächelnd zur Kenntnis nehmen, denn — er gehört einfach zu uns.

Meister weinen heimlich

Und wie er stoppt und wie er spuckt, das hat er Vatern abgeguckt — ist man bereit abzuwandeln, wenn man ihnen bei einem Verbandsspiel oder bei Jugendmeisterschaften zusieht. Sie haben bereits das Gehabe von erfahrenen Routiniers — und bei manchem meint man, er muß die nächsten Klassen überspringen, um nahtlos bei den Senioren zu landen; so alt sind sie oft schon, trotz ihrer 9 Jahre.

Wie sie daherkommen — mit zwei Schlägern, das Handtuch lässig um den Hals, Hütchen bei Sonne; wie sie sich einschlagen, wie sie wechseln. Nur wenn es daneben geht, dreht sich das Innenleben noch deutlicher nach außen, als bei den großen Vorbildern.
Auch der Top-spin ist schon voll da, nur die Fehlerquote stimmt noch nicht und manchmal gibt es Tränen.
Meister weinen heimlich und spielen bis auf wenige Ausnahmen nicht mehr unter dem direkten Einfluß ihrer Mutter. Je älter und erfolgreicher, desto freier. Die Freundin mischt sich nicht ein. Sie hat nur das Recht zu bewundern.
Bei Bambinos ist Muttern noch die Beste, wenn man sich auch manchmal ein ganz klein wenig ihrer schämt. Ratschläge holt man sich beim Trainer. »Soll ich auf Angriff spielen, oder stoppen?«, fragt ein 8-jähriger Turnierhase. Nur eben die Tränen darf Mutter trocknen, wenn es schief ging.
Und sie sprechen schon unsere Sprache. Sie erzählen vom Hammer und haben Flatterhand. Sie treffen keine Kugel und nennen einen miesen Aufschlag Einwurf oder ein Drei-Minuten-Ei. Sie stehen wie ein Denkmal an der Grundlinie, oder halten den Schläger am Netz wie ein Bahnwärter seine Kelle, oder nach Scheibenwischer-Art. Sie

haben schon ihr Rahmenprogramm, laufen wie eine alte kranke Schnecke und steuern den Sieg über den zweiten Bildungsweg in der Trostrunde an. Wenn sie eine Traumvorhand im Gepäck haben, hacken sie munter drauf los, bringen, auch wenn top-spin-gereift, noch manchen Zwirbelvolley mit kaum 10% Saitenberührung zustande, besonders wenn Vater die Hängematte noch nicht ausgetauscht hat, und treffen auch öfter das O in der Dunlop-Blende. Man sieht ihnen zu und ist vergnügt. Aber plötzlich, sehr plötzlich, wird man von einem der Dreikäsehochs im Clubturnier ausgeschaltet und muß den ganzen, in vielen Tennisjahren gereiften Erfahrungsschatz ausgraben, um dies zu erklären: Unterschätzt..., nicht ernst genommen..., dem Jungen eine Freude machen..., usw., usw...

Nur wenig später braucht man keine Entschuldigung mehr, denn der Dreikäsehoch ist inzwischen Nr. 6 in der ersten Mannschaft und eben siebzehn geworden. Man muß bereits über die nächste Erklärung nachdenken, weil man von einem Jungsenior aus der Seniorenmannschaft hinausgefordert wurde. Unterschätzt und nicht ernst genommen, sind auch hier gebräuchlich, nur Freude machen, glaubt keiner mehr. —

Übrigens hat der Junge, der gestern noch Dreikäsehoch war, die gleiche Nase und den gleichen Blick wie der Herr auf Platz sieben, denn es sind die Tenniskinder, die unseren Sport weiter durch die Jahre tragen.

*

Die Stärke des Schwachen

Tennisspieler, die so schwach sind, daß sie immer verlieren und daher nichts anderes kennen, entgehen bis zum Augenblick ihres ersten Sieges der Notwendigkeit, plausible Erklärungen für ihre Niederlagen zu erfinden, da sie dieselben bis eben zu diesem Augenblick sozusagen schicksalsgegeben hinnehmen.

Sobald sie zum ersten Mal gewinnen, geht eine geheimnisvolle Veränderung in ihnen vor: vergleichbar etwa der, die einen in die überfüllte Straßenbahn mit den Worten »andere wollen auch noch mit« Hineindrückenden, sobald er drin ist, zu den Nachdrückenden sagen läßt: »Seh'n Sie nicht, daß keiner mehr rein paßt!«

Aus einem bisher durchaus normalen Vorgang wird plötzlich ein abzuwendender Schicksalsschlag. Je öfter man gewinnt, desto raffinierter werden die kompliziertesten Erklärungen für einfachste Niederlagen.

Wäre es nicht zu schön, wenn es auf unseren Plätzen mehr von der Sorte gäbe, die Verlieren als die natürlichste Sache der Welt betrachten? Der Gewinn für den Betreffenden ist ungeheuer: Er bleibt vom nervenzerfetzenden Ehrgeiz dessen, der einmal Blut geleckt hat, verschont. Heiter in sich ruhend, gurkt er auf Platz elf und sagt anschließend: »Der andere war halt stärker, aber das war von vornherein klar.«

Welch' Seelenfriede — welch' weise Bescheidung!!

Stoßseufzer eines Schiedsrichters

Es gibt in jedem Club ein, zwei Mitglieder, die im Laufe der Jahre den Ruf, gute Schiedsrichter zu sein, wie einen Fluch mit sich herumschleppen. Ich gehöre dazu. Bei jedem Turnier, immer wenn die Freunde auf der Tribüne sitzen und die Möglichkeit haben, sich das Spiel, das sie sehen wollen, auszusuchen, hocke ich am M-Platz auf dem Schiedsrichterstuhl und bemühe mich verzweifelt, Asse von Fehlern zu unterscheiden.

Da zumeist, aus verständlichem Mangel, ohne Linienrichter gespielt wird, muß ich stets Streithähnen und als Tennisspieler verkleideten Cholerikern klar machen, daß der Ball, um dessen imaginären Abdruck knapp neben der weißen Linie sie den bekannten Halbkreis mit Fuß oder Schläger ziehen, »in« war.

Kennen Sie die Blicke der Stars, wenn man es gewagt hat, einen knappen Ausball als das zu bezeichnen, was er ist? — Es geht oft lange gut, aber es kommt unweigerlich der Moment, in dem nach einem gegnerischen Aufschlag-As der Halbkreis gezeichnet wird. Und noch nach dem Seitenwechsel geht der Spieler, der offensichtlich um ein Vermögen betrogen wurde, wieder am Tatort vorbei und wischt darüber weg.

Wir Tennis-Schiedsrichter haben keine Möglichkeit uns zu wehren, denn beim »Jeu royal«, wie man in grauer Vorzeit unseren Lieblingssport vermessen nannte, gibt es keine rote Karte. Und noch nicht einmal eine gelbe.

*

Gedanken eines
Seniorenmannschafts-Ersatzspielers

Er, der die Siegesfeiern schätzt,
bekennt, daß es ihn sehr verletzt,
wenn er nicht mehr geladen wird.
Aus diesem Grund er hart trainiert,
um sich bis hin zu den Steinalten
in einer Mannschaft festzuhalten!

Am siebten Platz —
Ersatz!!

Zwar spielt er selten mit seit länger
und bang wird es ihm oft und bänger,
denn wenn er weiter noch dabei
sein will, braucht er Senioren drei.

Und die gibt's nur bei großen Rennen.
Er hat's auch schon versucht bei »dennen«,
im Baden-Badener Tennispark. —
Die sind zu stark.
Noch klafft die Wunde —
Aus! — In der ersten Runde.

Dort muß man siegen
für 'nen Preis. —
Das ist der Scheiß!

Nur beim Verbandsspielmannschaftskrampf
geht's ohne Kampf.
Einmal 0:6, 0:6 verloren —
schon ist die Goldene geboren.

Man wird geladen, man kommt gern,
begrüßt sich mit den andern Herrn,
darf sich am gleichen Tische laben,
obwohl »die« nur gewonnen haben.
Begrüßt auch wohlbekannte Damen —
die gleichen Sinn's zur Tafel kamen.

Blickt rechts, blickt links — nur Tennisasse,
man fühlt sich schließlich selber Klasse —
und spürt nach einem Liter klar,
als man verlor — das Pech es war!

So geht's nun mal im Tennisleben,
dem einen ist's direkt,
dem andern indirekt gegeben!!

*

Der Clubsekretär

In grauer Vorzeit war der Geschäftsführer eines Tennisclubs der Verwalter der Exclusivität seiner Mitglieder. Das hat sich inzwischen geändert, aber etwas davon haftet dem idealen Clubsekretär heute noch an.

Der ideale Clubsekretär hat das Äußere eines Filmstars reiferen Jahrgangs, den Charme des besten Wiener Oberkellners, das Wissen eines Quizsiegers, die Geduld eines Elefanten, die Durchschlagskraft eines Karatemeisters und die Menschenkenntnis eines Psychiaters. Kurz, den idealen Clubsekretär gibt es immer nur stückweise. Und die Clubmitglieder wünschen sich stets die Teile, über die der ihre nicht verfügt, übersehen die vorhandenen und sind daher grundsätzlich unzufrieden.

Der Clubsekretär ist für alles und jedes verantwortlich, was im Club geschieht oder nicht geschieht. Vor allem natürlich für jeden Fehler. Er hat die, welche der Vorstand beging, unverzüglich und ohne zu zögern als seine ureigensten anzuerkennen und alles Positive, das seinem Wirken entsprungen ist, als Tat des Vorstandes zu preisen. Er muß wissen, ob es am Wochenende regnet, wann genau die Saison eröffnet wird, warum Herr X schon wieder dauernd den Platz eins belegt, der Wirt keinen ordentlichen Wein hat, das Bier zu warm ist, und er muß alle diese und andere sicht- und unsichtbaren Mängel spätestens sofort beheben.

Er muß ferner bereit sein, sich alles, was man eigentlich dem Vorstand sagen wollte, ihm aber nicht sagt, anzuhören, um es dann diesem richtig gefiltert weiterzugeben. Er muß diskret sein wie ein englischer

Butler, unterhaltsam wie ein Conferencier der Spitzenklasse und selbstverständlich Tennis, Skat und Schach beherrschen.

Es wäre vermessen, von einem Kanzlerkandidaten alle Eigenschaften zu verlangen, die für den idealen Clubsekretär einfach unentbehrlich sind.

*

Tennis-Weisheiten

Dein geheimer Tennis-Feind steht in der Rangliste einen Platz vor Dir. — Du kannst ihn schlagen, aber Du schlägst ihn nie, wenn es darauf ankommt.

*

Kluge Tennisspieler lernen sympathisch zu sein, denn mit dem Publikum spielen ist leichter, als gegen dasselbe.

*

Tennisspieler haben für ihren geliebten Sport immer Zeit. Nur wenn sie gefordert werden, häufen sich die Abhaltungen.

Kings und Fußvolk

Kings haben es leicht, wie in jeder Branche. Sie suchen die höchst dotierten Turniere aus, die Bühnen mit den besten Gagen, reisen nach Plan mit Frau, Freundin oder Gefolge, belegen Appartements in den besten Hotels und kassieren.

So läuft das Jahr ab, bis auf den Urlaub ohne Tennis. Genau unsereins entgegengesetzt. Wir buchen im Tennishotel mit Gästeturnier inclusive Pokal.

Die aus dem dritten und vierten Glied, mit den Reisetaschen, bei denen draußen statt des weißen Porsches irgend ein kleiner Käfer steht, müssen schnell sein, sozusagen Fuchs und Hase zugleich. Denn wenn man irgendwo den dritten hat und genau weiß, daß der zweite zu hoch hängt, zweihundertfünfzig Kilometer weiter aber noch ein dritter mit DM 1000,- zu packen ist, dann streicht man hier rechtzeitig und hetzt mit zwanzig Liter Benzin über die Autobahn in Richtung Eintausend. Das ist ein ebenso hartes Brot wie in jedem anderen Laden, nur nicht so sicher.

Und dann gibt es noch die alternden Kings, deren Namen ihr Können stets um ein paar Jahre überlebt. Die den Rentenersatz nicht geschafft haben. Kein Tennisshop, kein Tenniscenter. — Sie erscheinen plötzlich auf kleineren Turnieren und brauchen gegen die Jungen aus dem zweiten und dritten Glied drei Sätze, bis sie mühsam, zwischen Resignieren und aufblitzenden Traumschlägen aus vergangenen Tagen, das Finale vor zweihundertsiebenundzwanzig Zuschauern gewinnen.

Panem et circenses — Spiele sind gut, aber das Brot wird immer härter und die Zähne auch nicht besser mit den Jahren. Woraus sich für junge, begabte Tennisspieler mancherlei Überlegungen ergeben sollten...

Ballgefühle

Außer nach Marken, Verpackung und Farbe lassen sich Tennisbälle, so man ein Herz für sie hat, in drei Gruppen einteilen:

Die »Ersten«, die merkantilen, tüchtigen, harten (sie tragen auch meist einen Beinamen wie »fort« oder so), träumen davon, in Wimbledon geschmettert zu werden oder im Stadion Roland Garros am Centre Court als Superstop im Sand zu verenden; im donnernden Applaus der oberen Zehntausend des Tennissports den Finalisten am Rothenbaum als Netzball zu foppen, in Flushing Meadows als Cross quer und flach über das Netz zu wischen, unerreichbar, selbst für die ersten Zehn der Weltrangliste. Sie sind ehrgeizig, rücksichtslos und haben kein Gespür für halbhohe gemütliche Gurken, lahme Lobs oder hilflose Doppelfehler. Sie sehen nur den Erfolg und reiben sich auf im Streß ihres Vorwärtsstrebens. Darum sind sie kurzlebig. Nach neun Spielen enden sie mit zusammengebissenem Flaum und hoffen dann nur noch auf ein hartes Jugendforderungsspiel. Danach ist es endgültig zu Ende, das Tennisleben der rauhen Turnierbälle.

Ihr Gegenstück: die »Romantischen«. Sie sind langlebiger und wenn man ein Gefühl dafür hat, auch vom Anfassen her weicher, runder, mit mattglänzendem Flaum. Sie sind nicht auf Turnierplätzen zu finden. Hinten auf Platz 12 oder 14, auf den Tennisplätzen der Kurorte, spinnen sie Fäden zwischen ihm und ihr. Liebevolle, langsame Fäden, damit sie auch halten, und zuweilen verstecken sie sich unter einem Strauch, dann müssen die beiden nach ihnen suchen... — Meist enden sie auch dort im Regen eines Sommertages. Still, unauffällig, aber zufrieden, weil sie ihre Aufgabe erfüllt haben, zwei zusammenzubringen. Romantische Tennisbälle — kleine Kuppler des weißen Sports.

Endlich dann noch die »Jedermann-Bälle«, die alltäglichen, gewöhnlichen. Bälle wie Du und ich. Sie sind besonders langlebig, brav, phantasielos und ohne Ideale. Richtige Ballspießer, deren Ziel hinterhältigerweise mißglückte Aufschläge, Holzstops oder Rahmenvolleys sind, die in planlosem Flug über oder unter dem Netz ihr Unwesen treiben. Die Ehrgeizigen unter ihnen bringen es über gehobene Kaffeedoppel oder -mixed bis zu Verbandsspielen oder kleineren Turnieren. Sie sind die langlebigsten. Von den Eltern abgelegt, spielen sie mit den Kindern weiter und enden fast immer in zerfetzendem Clinch mit Pudeln, Spaniels oder anderen vom Platzwart gehaßten Tennisbesuchern, zuweilen auch im Aufschlagübekorb eines Unentwegten.

Jetzt sprechen WIR!

(D e m U. D.* z u s i n g e n)

Ihr wißt es zum Teil selbst, aber Ihr könnt nicht aus Eurer Haut, denn unangenehme Doppeleigenschaften abzulegen ist schwerer, als das Rauchen aufzugeben.

Und Ihr wißt nicht, daß wir armen, geplagten und zumeist auch noch schwächeren Partner, sobald wir das tz, tz, tz hinter uns hören, oder Euren premierenreifen Blick zum Himmel sehen, keinen Ball mehr treffen. —

Oder wenn Ihr bei unseren Fehlern resigniert den Schläger fallen laßt. —

Oder wenn Ihr von der weitesten Ecke heranwetzt, uns den sichersten Ball vor der Nase wegschnappt und ihn mit den Worten verschlagt: »Ich kann ja nicht alles alleine machen!« —

Oder wenn Ihr den Aufschlag erwartet und brüllt, wenn wir zu nah am Netz stehen: »Zurrrrück!!« —

Oder mit der gleichen Eindringlichkeit und in der gleichen Situation: »Voooor!!« —

Oder uns anschreit, wenn I h r einen Ball verschlagt: »Wenn Du so falsch stehst, kann ich nicht spielen!«

Ihr laßt uns mitspielen, aber bei jedem Fehler, den wir machen, hören wir Euer tz, tz und spüren Euer Kopfschütteln im Nacken. Ihr stellt uns zeitweise sozusagen am Netz ab, um hinten Euer Können auszuspielen. Vergeblich natürlich, denn wir sind ja dabei. —

Und wir? — Ja, w i r sind die angenehmen Doppelpartner!! —

* Unangenehmer Doppelpartner

Aufschläge — Aufschläge

— Ob erster, ob zweiter — er ist der Spiegel der Tennisseele. Schon vom Stil her ist das Ausholen zum (erträumten) tödlichen Donnerschlag das am deutlichsten entwickelte Merkmal für Tennispsychologen.

K o m p l i z i e r t e N a t u r e n werden es ihrem Lehrer sehr schwer machen, verschnörkelte Barockschwünge, die an Botticelli-Engel über Türbögen erinnern, in klare Zweckbewegungen umzuformen. Hierher gehört auch der Ballettaufschlag mancher Damen, deren Beine in Parallelhaltung im Augenblick der Ballberührung die Position eins auf Spitze präsentieren. Auch Hofknickse während des Aufschlages gehören in diese Rubrik.

U n e n t s c h l o s s e n e n   Z w e i f l e r n eigen ist ein besonders wuchtiges Ausholen. Ich sah ein Paradebeispiel dieser Gattung. Er ließ den Schläger, gleichsam zur Probe, einmal durch die Luft pfeifen und legte dann ein ängstliches Ei, das, da es den etwa gleichwertigen Gegner verblüffte, zum As wurde.

F ü h r e r - und S p i e l e r n a t u r e n träumen ihr Tennisleben lang von Atomaufschlägen, und selbst die Normalverbraucher unter ihnen legen ihre ganze Kraft in den ersten und als einzige Tennistypen oft auch in den zweiten. Es sind die Doppelfehlerkönige, aber es knallt und das macht sie glücklich: »Wenn d e r gekommen wäre!«

C l e v e r e   M a n a g e r t y p e n und andere Schlaumeier versuchen mit einem Minimum an Aufwand ein Maximum an Wirkung zu erzielen. Sie erkennen den wunden Punkt des Gegners und peilen ihn zielbewußt an. Wenn ihnen eine Überraschung gelingt, lächeln sie stets mehr oder weniger verdeckt. Im Gegensatz zu Narzißtypen legen sie keinen Wert auf die Schönheit der Bewegung. Erfolg ist alles und der Zweck heiligt die Mittel, wie außerhalb der weißen Linien.

S e l f m a d e s p i e l e r , die Trainerstunden grundsätzlich ablehnen, weil sie Tüftler sind, Erfindernaturen, die nach neuen Ufern streben, haben oft seltsam geformte Aufschläge, die, wenn man sie kaufen könnte, stets nur als Einzelstücke zu haben wären.

E i t l e   N a r z i ß m e n s c h e n erkennt man an einem Bewegungsablauf, der an herrliche Weltklassemuster angelehnt ist. Der des Balles weicht dann allerdings erheblich von dem des Ideals ab. Aber das ist nicht so wichtig. Sie werden in den ersten Minuten immer gewaltig überschätzt, verlieren jedoch zuverlässig.

Schließlich gibt es noch erwähnenswerte Sonderfälle mit Seltenheitswert, wie beispielsweise:

Den Ballhochwerfer. Bei diesem vergeht zwischen Werfen und eigentlichem Aufschlagen merkwürdig viel Zeit. Der Gegner sieht den Ball vor der grünen Blende steigen, darüber in den hellen Wolken verschwinden und endlich wieder erscheinen. Die Ballhochwerfer sind selten spielstark, weil sie beim Aufschlag ihre ganze Konzentration verbrauchen.

Die Anläufer. Wahrscheinlich im Grunde genommen bedächtige Naturen, die aus Fuß- und Doppelfehlerangst zwei Meter hinter der Grundlinie beginnen und sich während des Aufschlages derselben vorsichtig nähern. Auch sie nerven den Gegner erheblich, sind aber zumeist harmlos.

Im Endeffekt bleibt es dabei: der erste Aufschlag zeigt wie man will — der zweite wie man kann!!

Weitere Tennis-Weisheiten

Verlierst Du in der ersten Runde, sagen die Tennis-Freunde: »Was sucht er auch bei dem Turnier!«
Kommst Du ins Endspiel, sagen sie: »Es war halt schwach besetzt!«

*

Neben Graugänsen sind Tennisspieler das ergiebigste Feld für jeden Verhaltensforscher!

Es begann mit »muß«!

Als Bambino fing ich einmal an,
denn die Tenniseltern sprachen kurz: »Du mußt«!
Und als Jugendlicher blieb ich eben dran,
doch ich hatte niemals richtig Lust.

Erst als ich in einer Mannschaft war,
mal gewonnen hätte um ein Haar,
akzeptierte ich der Mutter Stolz,
nahm auf Vaters Rat Metall statt Holz.

Und ich kämpfte, hoffte und verzagte,
hoffte wieder und gewann auch mal,
kam soweit, daß mich der Ehrgeiz plagte,
spielte Forderungen ohne Zahl.

Als ich Senior dann war,
Meisterschaft gewonnen um ein Haar,
akzeptierte nun der Gattin Stolz,
spiele heute längst schon wieder Holz.

Kämpfe fröhlich weiter unverzagt
und gewinne hin und wieder.
Gut — der große Wurf blieb mir versagt,
doch auch Mittelmaß kennt schöne Lieder.

Tragik liegt nur im Beginn,
denn der zieht zumeist sich etwas hin.
Spätestens jedoch im As-Genuß
endet des Bambinos »muß«!

Der Ausball

— auch Fehler genannt — ist einer der beiden Schläge, die man vom ersten Tag an beherrscht. Der zweite ist der ins Netz.

Der Ausball zerfällt zunächst in zwei Hauptgruppen:

1. Die man selber schlägt und
2. die des Gegners.

Während die Ausbälle des Gegners stets klar zu sehen sind und deutlich hinter der Linie landen, schlagen die eigenen zumeist nur sehr knapp hinter derselben ein und sind daher nur sehr schwer als solche zu erkennen. Die Tatsache aber, daß diese Betrachtungsweise auf beiden Seiten vorherrscht, ergibt bereits die ersten Schwierigkeiten. Sie können erfahrungsgemäß auch durch Schiedsrichter nur äußerlich behoben werden.

Im Gesamtbereich der Gattung »Ausball« erkennen wir fünf Untergruppen, und zwar:

a)   Der einfache oder ordinäre Ausball. Er wird durch den lauten Ruf »Aus!« signalisiert und eigentlich als einziger bedenkenlos anerkannt.

Über den »Echt-Aus-Ball«, der sozusagen als »a) plus« zuweilen vorkommt, jedoch bereits einen leichten Schleier über die Stimmung legt, kommen wir zu

b)   dem »Knapp-Aus-Ball«. Diese Bezeichnung beinhaltet ein gewisses Lob für den Gegner, das dessen meist berechtigte Zweifel zerstreuen soll, und versucht die Beschaffung eines eigenen Vorteils, mit der Atmosphäre freundlicher Koexistenz zu bemänteln.

c) Der »Schade, Knapp-Aus-Ball«. Dieser meist laute Aufschrei, der im Ton zwischen Bewunderung und Bedauern liegt, ist eigentlich eine Gemeinheit und in 90 von 100 Fällen eine vorsätzliche Falschmeldung, die darüber hinaus durch das geheuchelte Mitgefühl einen fast immer berechtigten Einspruch auszuschließen versucht. Und schließlich

d) der »Zwei-Neue-Bitte-Aus-Ball«. Eine Aufforderung, die dem Kenner sagt, daß der Ball mit Sicherheit »in«, aber nicht zu holen war. Gewöhnlich erklingt sie nach einem As.
Bei den »Zwei-Neue-Bitte«-Rufern unterscheiden wir zwei Unterabteilungen. Da ist zum ersten der notorische und zum zweiten der korrekte Schummler, bei dem das stark ausgeprägte Wunschdenken den Linienball hinter diese zieht. Er flüchtet durch den Ruf »Zwei Neue« in eine scheinfaire Welt und hofft, eingehüllt in den Mantel der Großzügigkeit, den Punkt vielleicht noch retten zu können. Von der anderen Seite gesehen, kann in dieser Situation nur ein sofort folgendes, glasklares Kanonenas alles wieder ins Lot bringen.
Beim homo tennisiensis normalis gilt also die abgewandelte Juristenregel: »Im Zweifel für mich!«

*

Senioren-Turnier-Garderoben

Nirgends wird die ganze Härte eines Seniorenturnierlebens deutlicher, als in den Garderoben der alten Recken in Klosters, in Schliersee, in Lugano, auf Sylt, auf den Bahamas oder sonstwo zwischen Hammerfest und Kapstadt.

Da finden sich die verschiedenen Typen ein: Die Herren, die, bereits allseits bekannt, am Mittwoch anreisen, abends in den Club gehen, um festzustellen, wer außerdem wieder da ist, ob etwa Neue aufgetaucht sind — mit noch uneinschätzbarer Spielstärke — wann man gegen wen usw., usw...

Dann die tatsächlich Neuen — die noch schwanken zwischen der unterschwelligen Scham, nun auch zu den »Alten« zu gehören und der geheimen Lust, über den zweiten Weg erstmalig oder erneut vorne mitzumischen. Die Neuen wirken, unabhängig von ihrer Spielstärke, zumeist etwas hilflos und verloren. Nur wenn sie in Begleitung bemerkenswert junger und attraktiver Damen auftreten, entgehen sie einer zunächst recht feindseligen Isolierung.

Tags darauf beginnt morgens gegen 9.00 Uhr das Leben in der Seniorengarderobe. Die Alten begrüßen einander mit jovialen Scherzen — die Neuen sind auch hier zunächst allein und verschanzen sich hinter einer »Ihr-werdet-Euch-noch-wundern-Miene«, die sie jedoch, auf Grund der erstaunlichen Zähigkeit der alten Füchse (falls es sich nicht um eine wirklich neue Seniorengröße und damit um einen bevorstehenden Führungswechsel handelt), zumeist nur bis höchstens in die zweite Runde durchhalten können.

Öffnet sich die Eingangstür einer solchen Seniorengarderobe, dann umgibt den Vorbeischnuppernden am ersten Tag des Turniers ein

Flair, das sich aus leichten Fichtennadelessenzen und verschiedenen Duftnoten »for men« zusammensetzt. Am zweiten Tag überwiegen deutlich pure Essenzen und eine leicht medizinische Note beginnt sich durchzusetzen. Am letzten Tag ist der Duft einer Seniorengarderobe von dem eines OP's während einer mittelschweren Operation nicht mehr zu unterscheiden.

In einer Seniorengarderobe tauchen während des Turniers stets Liegebetten verschiedenster Provenienz auf, die den Favoriten — es gibt anfangs stets deren viele — an schattigen Plätzchen die Möglichkeit bieten, ihr nächstes Spiel durchzurechnen. Haben sie dann verloren, sind sie als Zuschauer wiederzufinden und zwar stets bei den Spielen ihres Bezwingers, dem sie nun die Daumen halten, als wäre es ihr leiblicher Bruder. Sie hoffen nämlich, gegen den späteren Sieger verloren zu haben und das wäre fast der zweite Platz, oder Rang, wie es in der Schweiz heißt.

Seniorenturniergarderoben vermitteln dem Kenner tiefere Einblicke, als es die Lederliegen der Psychotherapeuten je vermögen. Hier herrscht die nackte Wahrheit! Fort sind die Pfauenräder, zu denen man sich draußen noch aufraffte, fort der federnde Gang, das Sieger- oder Verliererlächeln. Und plötzlich ist er wieder da, der draußen eingezogene — Verzeihung, das draußen eingezogene Bäuchlein. Ich kann es beschwören, meine Damen!

*

An meine Rückhand

Du bist zu einfach —
bist nicht hochgerissen,
wie man Dich heute trägt.
Auch läßt Du Schwung und Elegance vermissen.
Du hast nicht das, was Center Courts bewegt.

Und trotzdem bin ich froh, daß ich Dich hab' —
Du bist ein Slice, wie es ihn früher gab.
Du bist die Rückhand, die man früher schlug,
als man noch weiße Shorts und weiße Hemden trug.

Ich danke Dir, auch wenn's bei Dir nie kracht.
Du hast mir manchen heißersehnten Punkt gebracht.
Denn eins blieb gleich
bei Schlägen weich
wie auch bei harten,
daß wir auf eigne nie —
doch stets auf fremde Fehler warten.

*

Der Dennoch-Effekt

— tritt beim normalen Tennisspieler vornehmlich in folgenden Fällen
auf:
1. Bei guten Spielern, deren unsportlicher Körperbau dies nicht
vermuten läßt (Euch werd' ich's zeigen!). Wobei unter »Euch« sowohl
die nächsten Gegner, als auch das Publikum und immer wieder die
Bekannten und Freunde zu verstehen sind.
2. Bei guten Spielern, die alt und weise wurden, ihren Ehrgeiz im
großen und ganzen schon ad acta gelegt haben und ihn nur noch ausgraben, um gelegentlich, zum Beispiel im Urlaub, einen jungen
Gegner in die Schranken zu weisen.

3. In Turnieren bei 1:6, 2:5, 15:30 ähnlich den Griechen bei den Thermopylen.

4. Bei Namenlosen ohne Mannschaftsstärke, wenn diese auf Grund überraschender Vorkommnisse, wie zum Beispiel einer verlängerten Skatrunde, oder anderer unkontrollierbarer Vereinbarungen, zu später Stunde zu einem Treff mit einem Mannschaftsspieler kommen. (Auch »die« kochen nur mit Wasser!)

5. Bei Spielern, die im Doppel stets davon überzeugt sind, a) der Bessere zu sein und b) daher die ständigen Fehler des Partners ausgleichen zu müssen.

Der Dennoch-Effekt ist ein nicht zu unterschätzender Auslöser erstaunlicher Ergebnisse und sollte deshalb kultiviert werden. Allerdings treten Spieler mit ausgeprägtem Dennoch-Effekt gern freiwillig gegen eindeutig Stärkere an und verlieren daher oft.

Aber das führt schon zur nächsten Diagnose: »Die tragische Spielstärke!«

Die tragische Spielstärke

Das ist jenes gehobene Mittelmaß, das Dich Zeit Deines Tennislebens nie zur Ruhe kommen läßt.

Früher, da reichte es manchmal zu einem Endspiel in irgendeinem Kurort, zur Clubmeisterschaft in einem nicht zu großen Verein, ja sogar zu einem kleinen Schaukampf. Heute eigentlich auch, denn das gehobene Mittelmaß ist natürlich mitgewachsen.

Aber die tragische Spielstärke treibt Dich immer wieder in den Ring. Du hast bei den Jugendlichen stets an der Spitze mitgemischt, weil Du immer hervorragende Negativresultate gegen die Meister brachtest und so ist es beim Nachwuchs und bei den Aktiven geblieben. Letzte Woche hast Du gegen einen Schomburgspieler erst im Dritten verloren und alle drei Sätze lang mit dem Gefühl im Bauch: Du kannst ihn packen! Und die Gier, die so stets wachgehalten wird, hat Dich zur Teilnahme an unzähligen Turnieren getrieben und immer wäre es fast — fast — fast gelungen!

Das ist die tragische Spielstärke. Immer fehlt ein Quentchen, immer hätte es fast geklappt. Ein wenig kennt das jeder Tennisverrückte — denn im übertragenen Sinn, so ganz im kleinen, haben wir sie alle. Und wenn wir kuren geh'n wegen der Gelenke, der Leber, wegen Herz oder allgemein, dann, wenn es sich einigermaßen richten läßt, seltsamerweise immer so im Februar oder März, kurz vor der Freiluftsaison, kurz vor dem Beginn der Verbandsspiele, vielleicht hilft's ganz nebenbei, auch zwischen den weißen Linien. Und wenn wir ganz ehrlich sind, eine der ersten Fragen, nachdem man Zimmer bezogen und Anwendungszeiten überprüft hat, ist die nach den Tennisplätzen. Und dann geht es nicht auf Kurschatten-, sondern auf Gegnersuche. — Wie beruhigend für Tennisfrauen!

Sex : 0

Sportärzte und Psychologen haben sich neuerdings vorsichtig von der althergebrachten Auffassung entfernt, daß Liebe davor die Netzaggression und die Wucht des ersten Aufschlages vermindert. Trotzdem sind viele Tennisspieler, vornehmlich Senioren, so konservativ, daß sie in Turnierzeiten das ehe- oder außereheliche Vergnügen ehrgeizig in die Ecke stellen. Dabei kann man beobachten, daß beim »starken Geschlecht« der vorsorgliche Verstand öfter verdunkelt wird, als bei der in dieser Hinsicht konsequenteren Weiblichkeit.

Das ist eine der vielen Erklärungen für den häufigen Griff nach einer tennisfremden Gefährtin. Diese wird einem abendlichen, beiläufigen Hinweis auf ihren hübschen Busen, mit dem eindeutigen Ziel, ein Schäferstündchen einzuläuten, mit Verständnis begegnen, während die Tennisfrau sofort mit dem Hinweis kontert: »Du hast morgen Verbandsspiel!« und die finden bei uns Amateuren bekanntlich Sonntag vormittag, also fast unmittelbar im Anschluß an Samstag abend statt...

Bei Profis ist das sowieso alles geregelt. Aber wir Amateure spielen ja zum Vergnügen und da sollte dasselbe in keiner seiner Erscheinungsformen in die Ecke gestellt werden müssen, auch nicht vor einem Verbandsspiel! — Aber erklären Sie das mal Ihrer Tennisfrau, mit der Sie womöglich noch Mixed spielen. —

*

Holz oder Metall —
das ist hier die Frage

Holz lebt. Nicht so ganz, aber immerhin mehr als Metall. Das ist einer der Gründe, aus denen ich bei meinem guten, alten Holzschläger bleibe. Man kann zu Metall rein menschlich einfach kein so enges Verhältnis haben, wie zu Holz. — Blockhaus in den Bergen, Eichentisch, Tannenholz in der Sonne. — Und Metall? Mit Metall ist das etwas anderes; kühler, sachlicher. — Ein echter Romantiker wird selten zu einem Metallschläger greifen. — Eher der rechnende Pragmatiker. So weit geht das nämlich! Doch zur Sache.

Einer von uns, ein erfolgreicher und erfahrener Senior, der seit Jahrzehnten Holzschläger spielt, bekommt einen Metallschläger zu fassen, schlägt ein paar Bälle, und sieh mal an, der traumflache Cross, der seit zehn Jahren der Erinnerung angehört, ist plötzlich wieder da! Auch die Rückhand bedeutend verjüngt. Hoppla!!!
Da Saisonbeginn ist, beschließt der Senior spontan, auf Metall umzusteigen, um die Seniorenmeisterschaft zu gewinnen, was nach der objektiven Erprobung und deren Ergebnis nur noch eine Formsache sein kann. Zwei von der neuen Sorte werden gekauft und die alten Treuen in eine dunkle Ecke gestellt.
Aber sonderbar! Der Traumcross verhält sich nun plötzlich wieder sehr reserviert. Nur die Erinnerung an die gelungenen Probeschläge und das neue Metallgefühl vermitteln immer noch einen Hauch von Siegesgewiß- und Überlegenheit.
Dann sehe ich die beiden, den Metallschläger und meinen Seniorenfreund, erstmals bewußt vereint bei den Meisterschaften. Nichts, aber

auch gar nichts läuft, und er verliert in der ersten Runde. Noch am selben Abend holt er die beiden Hölzernen aus der Ecke, sieht sie verlegen an und bittet um Verzeihung.

Jetzt kommt der Vorhandcross wieder mittelprächtig, normal angejahrt, doch für gleichaltrige immer noch gefährlich. Die Rückhand auch.

Die Metallschläger aber stehen nicht in der bewußten dunklen Ecke. Mit denen spielt jetzt der Sohn. Er hat sie ausprobiert. Der Aufschlag kam raketenähnlich und der Vorhandhammer wie noch nie! Das Forderungsspiel für die Juniorenrangliste ist wirklich nur eine Formsache!!

Holz oder Metall? — Das bleibt hier die Frage!

Und Kunststoff? »Nimm den, da kriegst Du nie einen Tennisarm«, sagte einer und der auf ihn hörte, mußte wochenlang den Bierkrug mit der Linken heben und ich hatte meinen trotz Holz, aber ich bleibe eben ein Tennis-Romantiker.

Die Gladiatoren der großen Tennisarenen allerdings wählen nach dem Satz: »Wes' Geld ich krieg', des' Schläger ich spiel'!«, womit bewiesen ist, daß man, so man kann, mit jedem kann, und das ist irgendwie beruhigend!

*

Präsidenten unter sich

Halb zog man ihn, halb sank er hin. — TC-Präsidenten sind oft
Menschen, die nicht oder nur ungern nein sagen. Daraus resultiert,
daß sie meist mehr gezogen werden als hinsinken. — »Immer noch?«
— »Einer muß es ja machen!« — begrüßt man sich und lächelt.
Aber genau so wenig hängt es allein von ihrem Willen ab, wann sie
aufhören.

Kluge Präsidenten unternehmen den ersten Rücktrittsversuch,
solange wenigstens einer im Club noch laut »leider« sagt und nicht
alle leise »Hosianna« brüllen, wenn er wirklich geht, obwohl sich so
schwer ein neuer findet.

Gelingt es ihm nach längerer Amtszeit zu türmen, wird er
üblicherweise, als Dank und Anerkennung dafür, zum Ehrenmitglied
ernannt. Es ist somit klar, daß man dazu erhebliche Zeit benötigt. Die
Folge davon ist, daß es nur angejahrte Mitglieder dieser Kategorie
gibt, die nicht mehr oder nur noch wenig Tennis spielen.

Ehrenmitglieder zahlen keinen Beitrag. Aber sie belegen auch keine
Plätze. Nicht wegen der Ehre, sondern weil die Zeit verging, und so
kommt es, daß sie ihr Freibier kaum genießen können.

Wir hatten vor kurzem Präsidentenwechsel. Der alte wurde Ehrenmitglied. Seither hat er mehr Zeit und spielt täglich drei Stunden. —
Auch so kann das laufen.

Treffen Sport-, Vergnügungs-, Kassen- oder andere Warte zusammen, ergibt sich dasselbe Bild, mit dem Unterschied, daß diese, um
Ehrenmitglieder zu werden, noch mehr Amtsjahre nachweisen
müssen.

*

Herren-Tennismode

Es gab eine Zeit, da besaßen wir eine, höchstens zwei Tennishosen. Sie waren weiß und paßten zu jedem Tennishemd, denn auch die waren weiß. Bis auf den kleinen grünen Lorbeerkranz, der meist zu Unrecht über dem Herzen saß.

Heute ist das anders. Meine Frau kam vor einigen Tagen mit einem beige Fila Hemd an mit rotem Kragen. Eine schicke Sache. Ich probierte und es paßte. Aber dazu die weißen Shorts mit hellblauen Streifen? Faust aufs Auge! Eine beige Fila Hose mußte her. Ich prüfte mein Spiegelbild und war zufrieden. Nur, die weißen Socken! — Also neue in beige! Dann allerdings war die Harmonie perfekt. Bis zum ersten kühlen Tag. Die weiße Jacke mit hellblau und auch der weiße Pullover mit rot paßten nicht mehr. Also beige Fila Jacke! Und noch ein zweites beige Fila Hemd und Socken zum Wechseln. Es folgte noch ein Trainingsanzug.

Unser Trainer und Tennisladenboß kaufte sich unlängst einen neuen Sportwagen. Mindestens der Vergaser und drei Reifen sind von mir. Wahrscheinlich kommen noch Hecklautsprecher dazu, denn gestern hatte ich kein Hemd mehr im Spind und mußte, da verabredet, schnell eines kaufen. Ein weißes mit dunkelblauem Kragen und ebensolchen Schlankstreifen. Jetzt geht die ganze Chose von vorne los mit Adidas, Donnay, Head, Perry oder Allround. Früher war das viel einfacher und viel weißer. Aber damals fuhren wir ja auch noch einen Käfer! Jede Tennishose schreit heute nach vorbestimmten Accessoires. Es wird nicht mehr lange dauern, bis sich der Farbstreifen aus dem Hemd über Shorts, Socken, Schuhe, bis in den Ballfilz fortsetzt. Vielleicht wird dann auch die Farbe des Schlägers auf jede Kleidung

abgestimmt. Welche Aussichten für die Hersteller!
Doch einmal platzt uns der Kragen. Dann graben wir den alten
Hammer »Extra-Spezial« mit grüner Spiralsaite aus und spielen
nackicht, bis die Polizei kommt! — Aber bitte nach Ihnen, meine
Damen!!

Keiner verliert gern

— Nicht beim Skat, nicht an der Börse und nicht den Regenschirm. Da aber die Kunst des Verlierens nun einmal zum Leben und als unabdingbares Attribut zu unserem geliebten Sport gehört, empfiehlt sich üben, üben. Denn verlieren muß gelernt werden wie der Topspin, der unvollendet dazu führen kann. Doch ist keiner so erfinderisch dabei, so raffiniert, so genial im Ausdenken kompliziertester Erklärungen für die einfachste Niederlage, wie eben wir.

Vier Haupttypen lassen sich zunächst unterscheiden, unter denen es natürlich viele Übergänge und Schattierungen gibt:

Da ist einmal der v e r h i n d e r t e S i e g e r . Er wird nach einem verlorenen Match in heiterer Gelassenheit und mit der unerschütterlichen Überzeugung vom Platz gehen, der Bessere zu sein. Er hat, da er sich zu sicher fühlte, riskante Schläge versucht und das ging daneben, nicht das Match. Er hat, nachdem der Gegner ausplaziert war, bei todsicheren Punktbällen den kompliziertesten gewählt und bei 5:2-Führung noch Lust verspürt, seine Überlegenheit länger auszukosten. Er ließ ihn kommen. Das ging daneben, nicht das Match! Zum nächstenmal sieht das anders aus!

Dann die M i m o s e . Bei 5:5 und Vorteil bemerkt er seine Frau, die zum Platz kommt, aber gleich wieder geht. Das ist der Satz für den Gegner! — Bei 4:0 und 40:15 fragt ihn einer, der ihn sowieso nervt: »Brauchst Du was?« Das genügt! Aus!! — Oder, erster Satz gewonnen. Zweiter Satz ein Doppelfehler, eine Fehlentscheidung — aus!!

Der t r a g i s c h e V e r l i e r e r . Die weiblichen darunter erinnern stets etwas an die Duse. Sie wechseln mit schräger Kopfhaltung und einem Ausdruck, wie ihn sich jeder Regisseur für seine Elektra wünscht. Es läuft eben nicht, wenn es drauf ankommt. Im Training sitzt jeder Ball, aber wenn es drum geht, kann man tun was man will, es läuft nichts. Für diesen Verlierertyp bricht nach jedem 5:7, 0:6 eine Tenniswelt zusammen, die er sich mühsam wieder aufbauen muß. Oft sieht man ihn in den nächsten Tagen mit wesentlich Schwächeren am Werk, um das Sieggefühl wieder zu lernen.

Und schließlich der g r o ß e V e r l i e r e r . Er beglückwünscht den Sieger gönnerhaft mit der Miene eines Grandseigneurs, klopft ihm anerkennend auf die Schulter und läßt durchblicken, daß schon eine Klasseleistung erforderlich war, um ihn zu schlagen. Der Sieger kommt sich vom großen Verlierer immer beschenkt vor und kann der

Versuchung kaum widerstehen, sich unterwürfig zu bedanken. Es ist ihm peinlich, gegen den offensichtlich Besseren gewonnen zu haben und er würde sich am liebsten entschuldigen.

Es gibt noch einen Verlierer-Typ, den es besser nicht gäbe, den Z o r n i g e n . Er packt nach dem letzten mißglückten Schlag seine sieben Sachen und verschwindet mit wildem Blick, womöglich noch ohne seinem Gegner die Hand zu geben.

Den schaffen wir ab.

Allen Verlierern ist gemeinsam, nach dem Spiel aus dunklen Informationsquellen zu erfahren, daß ihr siegreicher Gegner bereits Klasseleute geschlagen hat und dies im Kreise derer, die wissen, daß sie verloren haben, zu publizieren. Hierher gehört auch die bekannte Feststellung der Nr. 6, daß die Gegner geschummelt hätten, weil ihre 6 wesentlich stärker wäre als Nr. 2.

*

Blödeleien in Limericks

Zwei Spieler aus purer Hatz,
spiel'n gegeneinander 'nen Satz.
Der eine sliced,
bis 'ne Saite zerreißt,
da war's sowieso für die Katz'!

Zwei Skifahrer Georg und Peter,
stiegen auf bis 3000 Meter.
Im Steilhang war Harsch,
sie fiel'n auf den Arsch,
doch keiner erzählte dies später.

Zwei Spieler, Gerhard und Klaus,
die meinten, der Ofen sei aus.
Doch es gibt für die zwei
noch Senioren drei,
guck mal an, noch mal ran, ei der Daus!

Zwei Freunde, Gunnar und Peter,
die wurden Senioren together.
Wie sie Punkte schaffen,
trotz Wochenend-Affen,
das werden wir seh'n etwas later!

Zwei Spieler, Egon und Hans,
geh'n in der Kur zum Tanz.
Man kann niemand trau'n,
einer sagt es den Frau'n,
und das verstimmte sie ganz.

Zwei Skifahrer, Rudi und Hans,
jeder zeigt dem andern: er kann's.
Doch für beide ist Schuß,
kein echter Genuß,
nur füreinander tut man's.

Zwei Spieler, schon etwas alt,
spiel'n im Herbst, es war ziemlich kalt.
Mit Jacke der eine,
der andere keine,
drum niest er auch bald.

Zwei Spieler, die manches versprochen,
trainieren hart schon seit Wochen.
In der Bundesliga
zählt nur der Siega,
so hat der Sportwart gesprochen.
Nur Spieler, die aufgestellt,
sind wer in der Tenniswelt.
In der Bundesliga,
zählt zwar der Siega,
doch vornehmlich Geld.

Er gewann den ersten ganz hoch,
verlor den zweiten dann noch.
Er kämpft wie mit Keulen,
es ist zum Heulen,
und verlor im Tie-Break dann doch!

In Plattenhardt läuft ein Turnier.
Um Geld, was denn sonst, geht's auch hier.
Für größere Summen
die Spieler nur kummen,
besonders die letzten Vier.

Ein Skiflieger stürzt,
doch auf's Wort,
die Weite war Weltrekord.
Man flickt ihm die Knochen,
die er sich gebrochen —
dann fliegt er am nächsten Ort.

Wir besetzen Klosters

Hier gilt normalerweise der schwere Hüttenschritt, der Parallel-
schwung durch den aufstäubenden Pulverschnee, der Pflümli an der
Eisbar, der Bergschuh und das Seilimage.

Nur einige Tage im Jahr ist das anders. Das ist, wenn wir — die Tennisnarren — Klosters besetzen. Dann kann man sein, wo man will — an der Bar im Hotel Weisskreuz, oder in der Chesa Grischuna, in Leo's Snack Bar oder im Vereina, im Sportzentrum oder im Alpina — man wird immer nur hören, daß einer im zweiten Satz 3:1 vorne war und dann doch noch im dritten..., daß heute höchstens zwei Biere laufen, denn morgen wird's schwierig, daß die Pirellis schwerer sind als die Dunlops, daß man im nächsten Jahr einen Tag früher anreisen wird, wegen der Höhe..., daß man nach zwei Matchbällen im Tiebreak noch verloren hat..., daß..., daß..., daß...

Alle bemerkenswerten Passanten in Klosters tragen während dieser Tage Tennissocken, Tennisjacken oder Tennishemden. Alle bemerkenswerten Passanten in diesen Tagen sind Tennisspieler oder haben sich gefälligst für Tennis zu interessieren. Bergsteiger mit Rucksäcken, roten Stutzen und Bergschuhen sind hier von Dienstag bis Sonntag fehl am Platz, denn: »Wir haben Klosters besetzt!!«

»I had a good match!«, sagt Mr. White aus Kalifornien. Er hat verloren und ist zufrieden. Mr. Healy auf Platz eins rückt seinen blauen Sonnenhut zurecht, denkt an seine Stammkneipe in Sidney und schlägt auf. Genau gegenüber der Gotschnagratbahn.

Klosters mal anders. Aber ab Montag sieht man wieder nur Cordbundhosen, Trenkerhüte und Skizeug. Das ist übrigens überall das gleiche und hier steht der Ort Klosters für viele andere in den Bergen oder am Meer. Es ist immer wieder dasselbe, wenn wir Tennisspieler einfallen wie weiße Heuschrecken. Wer da nicht stoppt, drived, aufschlägt, sliced oder top-spinnt, muß sich still in sein Schattendasein ergeben, bis wir wieder weiterzieh'n.

Der Louis Trenker Effekt

»S' kimmt an Schneesturm!« Der kantige, braungegerbte Tiroler Holzschnitzkopf blickt in die Wolken: »Komm nur, i werd's dir scho zeigen!« Er drückt den Trenkerhut in die Stirn und zieht das Seil enger. Nachher, nach dem Sturm, sei's am Matterhorn, sei's am Ortler, sei's wo's will, gibt's zur Erwärmung keinen Ofen, sondern ein, zwei doppelte Obstler.

Und etwas von diesem Bergflair haftet uns Skifahrern an. Ein Hauch davon und der bringt zusammen mit den Skistiefeln den Gang zustande, mit dem wir die Hütte in der Mittelstation betreten. Und der hat etwas durchhalterisches, trotziges, frauenerweicherisches — eben den Louis-Trenker-Effekt.

Die weichen, leichten Tennisanas sind das Gegenstück dazu, denn sie bringen das tigerhafte, geschmeidig-wendige, das man in den Tennis-mittelstationen findet, in den Clubhäusern, den Clubbars zwischen Monte Carlo und Hintertupfing. Sie bringen den Pulverschnee zum roten Sand, denn irgendwie gibt es ihn überall, den abgewandelten Louis-Trenker-Effekt.

*

Turnierleiter

Turnierleiter haben die absolut unlösbare Aufgabe, ca. sechzig ehrgeizzerfressene Teilnehmer, die alle annehmen, in mindestens zwei Konkurrenzen die letzten vier zu erreichen und daher dauernd verlangen, angesetzt zu werden, unter einen Hut zu bringen. Außerdem wollen alle sechzig zu etwa gleicher Zeit und am selben Platz spielen. Denn Tennisspieler haben gleiche Idealvorstellungen, die sie stets mit äußerster Hartnäckigkeit zu verwirklichen trachten. Daher der gehetzte, oft wirre Ausdruck, der Turnierleitern zeitweise eigen ist.

Daß es sie trotzdem gibt, daß man sie oft bis ins hohe Alter amtieren sieht, beweist einerseits den hohen Idealismus und die Opferbereitschaft eines jeden Tennisspielers, andererseits das Vorhandensein des bekannten Wunsches, in irgendeiner Form noch oder überhaupt mitzumischen. In gewisser Hinsicht also eine Eskalation des Schiedsrichter-Syndroms.

Als Turnierleiter lernt man schmerzlich begreifen, daß Turniere nicht für die Zuschauer und auch nicht für die Teilnehmer oder den veranstaltenden Verein, oder den einladenden Kurort oder für sonst wen, sondern ausschließlich für die eingeladenen Spitzenspieler, also die vorprogrammierten Sieger, veranstaltet werden. Daß sich alle Teilnehmer bei der Ankunft in ihren Hotels und auch noch bis zu ihrem Ausscheiden als solche gebärden, beruht auf der typischen und nie versiegenden Hoffnung des homo tennisiensis und auf der Tatsache, daß jeder Tennisspieler im Innersten eine Spielernatur ist — zumindest, was sein Tennisleben betrifft.

Turnierleiter aber sind die Feldmarschälle, die Heerführer der unentbehrlichen Wochenenden, wegen derer Du immer wieder melden wirst und die Hoffnung nie aufgibst, daß einer einmal auf der Generalstabskarte das letzte Fähnchen, Sonntag um 14.30 Uhr, zum Endspiel für Dich steckt, Dir Bälle aushändigt und Dich in die Arena schickt.

Und das ist gut so, denn andernfalls gäbe es bei jedem Turnier nur zwei, höchstens vier Teilnehmer. Ich habe bereits zum nächsten Turnier gemeldet, denn

1. ist es durchaus drin, daß einer der als »letzten vier« Programmierten, mal einen sehr schlechten und ich einen sehr guten Tag erwische und

2. wenn mein Cross sitzt und mein erster kommt, wer weiß...

Tennisgeburtstage —
und ihre Bedeutung

Die Faustregel, ab 45 bist Du Senior, gilt zur Zeit nur etwas eingeengt, oder anders ausgedrückt, sie ist dehnbar. So will es die bundesdeutsche Seniorendienstvorschrift. Spielberechtigt ist, wer am 31.12. die Fünfundvierzig (bzw. die Vierzig, meine sehr verehrten Damen) hinter sich hat. Dasselbe gilt, natürlich entsprechend versetzt, auch bei Bambinos, nur ist es da nicht schlimm, denn die haben Zeit.

So Du als Tennisspieler im Januar geboren wurdest, streue Asche auf Dein Haupt. Du wirst Deine Seniorenlaufbahn erst mit 46 1/2 beginnen dürfen und Dich dann gegen knapp fünfundvierziger Märzsetzlinge abrackern, denn Seniorenjahre zählen bekanntlich doppelt, zuweilen dreifach.

Im Salzburger Land gibt es eine alte Bauernregel für Erdäpfel, zu deutsch Kartoffel: »Setzt mi im Mai, kumm i glei. Setzt mi im April, kumm i wann i will!« — Die fiel mir ein, als ich an Tennisgeburtstage dachte. Tennisfrüchte gehören allerdings im März gesät, damit sie im Dezember rechtzeitig kommen.

Hier aber hilft allein kluge und langfristige Planung. Sie wird natürlich zuerst nur dort einsetzen können, wo Familien seit Generationen Mitglied im Schwarz-Gelb, Rot-Weiß, Grün-Weiß oder Blau-Weiß sind. Denn man braucht sehr viel Zeit für so ein langfristiges Programm. Aber es lohnt sich.

Wie schön für eine Tennismutter, wenn sie ihrem einst umzitterten Bambino, nun, da er als Jungsenior schon ungeduldig mit dem guterhaltenen Gebrauchtfuß scharrt, durch rechtzeitiges Absetzen der Pille (spätestens Februar) die Wartezeit auf den neuen Sinn seines Tennislebens um mehr als ein Jahr verkürzen konnte.

Tenniseltern sollten sich diese Gedanken aneignen und hinfort unter Hinzuziehung des Sportwartes, natürlich nur in Grenzen, die enormen Vorteile einer vorsehenden Altersklassenplanung nützen.

Eine der vielen bemerkenswerten Konsequenzen wäre die bald einsetzende Häufung von Dezembergeburtstagen in Tenniskreisen. Ärgerlich für die Jugend, durch die in solchen Fällen bei Eltern ausnahmslos auftretende Zwangsvorstellung, Geburtstags- und Weihnachtsgeschenke zusammenlegen zu müssen. Erfreulich für den Clubwirt, durch massierte Feiern im Dezember und somit Aussicht auf beachtliche Belebung der halbtoten Saison.

Interessant die Folgen für Astrologen, durch die künftige Ballung von Schützen und frühen Steinböcken auf Tennisplätzen und der daraus vielleicht resultierenden Stil- und Spielaufbauvereinheitlichung.

Interessant aber auch für vorausschauende Präsidenten ohne Rücktrittsabsichten und mit hoher Lebenserwartung, die so in der Lage wären, langfristige Mannschaftsaltersklassenplanung zu verwirklichen.

*

Die Selbstzerstörung

— findet normalerweise und bis zur letzten Konsequenz nur bei Turnieren oder Vergleichsspielen statt. Etwas Publikum ist unerläßlich und wenn »nur« die oder der Eigene dabei steht. Man muß nämlich irgend wem beweisen, daß man es nicht selbst ist, der nichts trifft, sondern »es«. Hier liegt die Parallele zum Sturz beim Skilaufen: »Es — hat mich nei'ghaut!«

»Ich treff' heut' keinen Ball!!« Es läuft also zunächst einfach nicht wie sonst und man versteigt sich beim Seitenwechsel dem Publikum gegenüber zu oben erwähnter Feststellung. Wenn gar keines da ist, sagt man es zum Gegner, damit wenigstens der Bescheid weiß. »Normal sieht das anders aus!«, denkt man verzagt, kommt immer mehr ins Schleudern, liegt bald hoffnungslos zurück und verrennt sich immer mehr und mehr in die »Keinen-Ball-Treff-Psychose«.

Im zweiten Satz ist es dann soweit. Man hämmert in nach oben gekehrtem Unterbewußtsein die Bälle ans Gitter und fabriziert, gleichsam als Beweis für die geheimnisvolle Kraft »es« Doppelfehler am laufenden Band, die man sonst kaum kennt. Man demonstriert mit selbstzerfleischender Wollust, lächelnd, daß man heute wirklich keinen Ball trifft.

Nicht ich habe verloren, sondern »es« lief heute eben auch gar nichts. Man nimmt Rache an sich selbst für — ja für was denn eigentlich?? So überfeine Mimosen sind wir Tennisspieler.

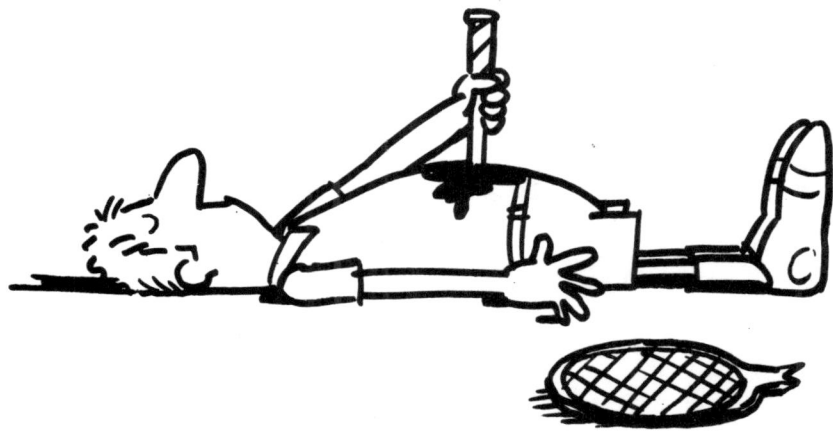

Das kurze Veteranenhoch

Tennisveteranen müssen mit ihren Kräften haushalten. Besonders wenn sie noch Turnierambitionen haben. Denn der überreife Tennisspieler ist, wenn er den Platz betritt, stocksteif. Er braucht daher Anlaufzeit. Er muß warm werden, damit der Arm zum Aufschlag hoch kommt, die Hüfte drehbar und das Kreuz beweglicher wird, die Knie sich knarrend beugen und das Hirn Befehle abrufen kann. Aber — die Anlaufzeit ermüdet. Also muß hier eine minutiöse, mathematische Einteilung beginnen.

Denn, die Kondition des Tennisveteranen findet genau in den 10 Minuten zwischen warm sein und müde werden statt. Nur wenn während dieser Frist einige gelungene Souvenirdrives Selbstvertrauen und ein jähes Glücksgefühl vermitteln, kann es geschehen, daß sich die Hoch-Zeit um einige Minuten dehnt. Das bedeutet in der Regel den sicheren Sieg. Dieser schmale Grat muß erwischt werden, denn in diesen Minuten entscheiden sich unbarmherzig die Veteranenschlachten, auch wenn sie scheinbar zwei Stunden dauern. Währt das Einschlagen nur eine Minute zu lang, stellt sich zu früh das müde Tief ein, welches jeden Sieg verhindert. Ist es jedoch zu kurz bemessen, wird der richtig programmierte Gegner schnell einen Vorsprung haben, der während des zu spät einsetzenden Minutenhochs nicht mehr zu holen ist.

Bis Senioren eins genügen Können und Kondition. Ab Senioren zwei, bei den Veteranen, kommt Mathematik hinzu: Einschlagzeit berechnen, rechtzeitig mit dem Spiel beginnen! Und merke: Wenn Du meinst, Du hättest keine Lust mehr, ist das Hoch im Eimer. Das beginnt übrigens schon bei den Jugendlichen, nur ist die Lust da langlebiger.

Wenn Veteranen verlieren, hat das weniger mit Tennis zu tun. Das sind Rechenfehler!! —

70

Wir und der Sturz

Immer mehr Tennisspieler laufen Ski — immer mehr Skiläufer spielen Tennis. Da ist es kein Wunder, wenn anfangs die Begriffe etwas durcheinander geraten. Hüftknick beim Aufschlag, früh ausholen beim Stockeinsatz; nur in die Knie gehen — das paßt bei beiden. Aber Bergschulter vor am Netz? — Ins Tal schau'n beim Stop? — Da stimmt's wieder nicht! Es dauert schon eine Weile, bis man jeweils die passende Bewegung hinkriegt.

Den Sturz aber gibt es am roten Sand eigentlich nur selten und wenn, hat der Tennisspieler keine Einstellung zu ihm. Er ist am Tennisplatz ein Fremdkörper ohne Daseinsberechtigung. Das ist beim Skifahrer anders. Dieser hat ein rauhes, aber herzliches Verhältnis zum Sturz. Er hält für ihn fast liebevolle Umschreibungen bereit: »Es hat ihn neig'haut, g'sternt, zerbröselt.« Eine unsichtbare Wurzel, ein Stein, eine Alraune war schuld, nie er selber. Wenn man von einem Sturz erzählt, ist wichtig, wo er eingriff: Kriegerhorn, Hörnli, Marmolada, Cry d'err. Das adelt ihn, das macht ihn salonfähig.

Beim Tennisspieler gibt es nichts, was einen Sturz adelt, und wenn er am Centre Court in Wimbledon passiert. Der ist und bleibt nur höchst ärgerlich. Aber zu einer zünftigen Abfahrt gehört er dazu und kann nachher auf der Hütte beim Jagertee oder Pflümli eingehend erörtert werden und sich sogar zur Sonderleistung mausern.

*

71

Videorecorder

Ein Skifan, der sich filmen ließ,
bestätigt nach dem Filmen dies:
Als er sich vorher messerscharf
schier in die Gummilinse warf,
war das Gefühl fast übermächtig:
Mann, dieser Schwung war einfach prächtig!

Après jedoch kommt die Malaise,
der Film beweist's — der Schwung war Käse!

Der echte Skifan wird's erreichen,
läßt sich durch nichts und nie erweichen.
Sein Ziel bleibt stets und unbedingt,
daß man ihm nachblickt, wenn er schwingt!

Beim Tennis ist das noch viel schlimmer,
man weint, wenn man sich sieht, fast immer.
Doch nachher, und war's noch so schlecht,
schwört man verbissen: »Jetzt erst recht!!«

*

Die Liftschlange

Ein Skifan, der noch Schlange stand,
hat flinken Blicks sogleich erkannt:
daß, etwa zwanzig Sessel weiter —
ein Mädchen steht, das viel gescheiter
gleich neben ihm gestanden hätte.
Was gilt die Wette —
daß nun sein einziges Bestreben,
den Übelstand rasch zu beheben!

Beim Aufschlag ist dies fast „ohnmäglich",
weil, wenn statt Ball, Du Mädchen siehst,
versagst Du kläglich!

*

Die Generalversammlung

— wird im allgemeinen von folgenden Typen getragen:

1. Dem Kritiker: Er sieht im Vorstand einen ahnungslosen Ehrgeizling und versucht sachlich zu erklären, daß man das, was eben vom zweiten Vorsitzenden vorgeschlagen wurde (natürlich geht es im Grund um Beitragserhöhung), so und ohne die Karten auf den Tisch zu legen, nicht machen könne. Der Kritiker ist grundsätzlich nie bereit, selbst im Vorstand mitzuwirken.

2. Dem Gönner des Vorstandes, der sich zu Wort meldet, wenn derselbe in eine Sackgasse geraten ist und ihm, nie sehr fundiert, doch stets emotionell zu Hilfe eilt, indem er fordert, daß man im Hinblick auf den Idealismus, mit dem »diese Leute ihr Ziel für den Club opfern«, nicht viel herumkritisieren, sondern dankbar sein soll, daß überhaupt einer etwas tut.

3. Dem alten Mitglied, das sich bei härteren Diskussionen zu Wort meldet, darauf hinweist, daß er vor 40 Jahren auch dem Vorstand angehörte, es damals genau dasselbe Problem gegeben hätte, das ganz vorzüglich gelöst wurde. Leider erinnert sich das alte Mitglied nie genau daran, wie.

4. Den stillen Negativen, die für die wortlosen Stimmenthaltungen, den entschlossenen Negativen, die für Gegenstimmen sorgen. Die Stimmenthalter blicken während dieser, ihrer einzigen Aktivität in der Generalversammlung, meistens zum Fenster hinaus, während die Gegenstimmler dem Vorstand fest ins Auge sehen.

5. Den ebenso stillen Positiven, die stets für die Vorschläge des Vorstandes stimmen, denn er ist schließlich gewählt worden und muß sich mit den Problemen befassen. »Man kann nicht dagegen sein, wenn man nicht bereit ist, selber was zu tun!«

6. Und endlich dem Vorstand selbst. Er wird während der Generalversammlung das Gefühl nie ganz los, daß er eigentlich alles besser weiß und sowohl dem Kritiker als auch dem Gönner fortlaufend irgend etwas erklären müßte. Daraus ergibt sich oft eine gewisse, belehrend wirkende Überheblichkeit, die dann ihrerseits wieder zu Stimmenthaltungen und Gegenstimmen führt.

So schließt sich der Kreis, in dem sich die Generalversammlungen bewegen — erstaunlicherweise auch hin und wieder vorwärts.

Begrüßung der Neulinge

Ich begrüße die Neu-Tennisspieler sehr herzlich, denn erstens sind es so viele, daß wir Altgedienten uns einen anderen als herzlichen Ton gar nicht erlauben können, und zweitens ist es für uns alte Hasen wirklich ein tolles Gefühl, den großen Einzug vieler tausend frischer Hasen in die renovierten und neuen Clubhäuser miterleben zu können.

Neue tragen gerne Tennisschläger, alte halten sie im Spind.

Neue tragen — wenn sie ins Clubhaus kommen, eine erwartungsvolle und aufschlägerische Miene zur Schau. Alte gleichen den Münchnern, die den Faschings-Tatzelwurm finsteren Gesichtes betrachten und dazu sagen: »So ein Schmarr'n!« — Wehe, wenn ein Fremder dasselbe sagt!

Neue fragen den Clubsekretär nach Veranstaltungen und heften Zettel ans schwarze Brett: »Partner gesucht!« Alte spielen, seit 25 Jahren, mit denselben drei anderen alten, das ewig neue Doppel.

Neue kommen mit dem Vorsatz in die Generalversammlung, sich zu profilieren und geben diesen spätestens 10 Minuten nach deren Beginn auf. Alte kommen entweder gar nicht oder sagen seit 25 Jahren dasselbe.

Neue kommen, soweit Profi- oder Amateurjunggesellen, zum ersten Clubfest in der Hoffnung, etwas zu erleben, und müssen schnell erkennen, daß da weniger läuft als auf Sylt.

Trotzdem, es packt sie alle und kaum einer legt den Schläger wieder weg. Bald, sehr bald sind sie echte, alte Mitglieder, mit allen Merkmalen derselben, sprechen unsere Sprache, freuen sich über einen Netzroller oder ärgern sich über ihn, je nachdem, wohin er rollt.

— Heute kaufen sie die Erstausrüstung im Tennisshop um die Ecke und übermorgen schon üben sie »altes Mitglied« in irgend einem Tennisclub!

Übrigens, der größte Ärger eines Altgedienten: Man verliert im Urlaub gegen irgendwen 5:7, 4:6 und erfährt beiläufig, daß dieser irgendwer seit vier Jahren Tennis spielt, man selbst seit vierzig. Wir haben eben seinerzeit ohne Trainer, Ballwurfmaschine, Tenniskurse, Jugendtraining, Übungsleiter usw., usw... — überhaupt, wir hatten es viel schwerer. —

Trotzdem, ein herzliches Willkommen den Neuen!!!

Juxturniere

— haben für Tennisnormalverbraucher eine ähnliche Funktion wie Märklin-Eisenbahnen für Kinder. Sie vermitteln das Gefühl eines echten Tennisturniers. Nur müssen die verantwortlichen Veranstalter — man weiß nie ganz genau, ob der Sport- oder Vergnügungswart zuständig ist — unbedingt Atmosphäre zaubern. Turnierleitung — Lautsprecher — am besten auch Schiedsrichter.
Spiele müssen angesetzt, Bälle gestellt und Nenngeld kassiert werden. Alles wie bei echten Turnieren.
Juxturniere sind die verwirklichten Träume verhinderter Tennisasse. Sie müssen nur richtig organisiert werden. Wenn möglich im Mai, und wenn möglich mit anschließender Siegerehrung im Clubhaus. Als Preise sind unbedingt gravierte Becher und wenn es die Finanzen erlauben, gravierte Pokale auszusetzen, denn die strahlen im finsteren Tennishinterhof viel heller, als in den Vitrinen der großen Zehn! Und die Siegerehrung mündet am besten in das Frühlingsfest. Dann wird der Becher oder Pokal länger gesehen, denn beim Juxturnier flicht die Nachwelt noch sparsamere Kränze als beim normalen Tennistheater.

*

Mannschaftsführer

Es gibt Halbzwangsmannschaftsführer und Ganzfreiwillige. Die Freiwilligen telefonieren ununterbrochen mit dem Sportwart und haben stets sehr dringende und wichtige Probleme mit der Aufstellung. Sie sind, falls es sich um Normalverbrauchermannschaften handelt, stets Mitglied derselben und spielen aus taktischen Erwägungen, selbstloserweise oft weit vorn. Die Freiwilligen sprechen von »ihrer« Mannschaft, wie der Sportwart, sind bei Verbandsspielen bereits eine Stunde vor Spielbeginn auf der Anlage, piesacken den Platzwart, ordnen Formulare und stellen Ballschachteln bereit. Sie erzählen jedem, daß sie seit drei Tagen unaufhörlich telefoniert hätten, um die Mannschaft zusammenzutrommeln und daß sich leider niemand finden will, der sie ablöst. Von sich aus gesehen ist der freiwillige Mannschaftsführer ein gehobenes Clubmitglied, vertritt denselben spielend und nach außen hin, als eine Art militanter Staatssekretär des Äußeren.

Der Halbzwangsmannschaftsführer ist dagegen fast zu bedauern und kämpft stets ziemlich ernst darum, das ihm lästige Amt loszuwerden. Die einzige Parallele: Sie werden es beide nicht los. Genauso wenig wie der Edelmannschaftsführer, der selbst zwar nicht mitspielt, aber einer so bedeutenden Mannschaft vorsteht, bzw. hinter dem Schiedsrichterstuhl vorsitzt, daß dies den ganzen Mann erfordert.

Mannschaftsführer eines Davis-Cup-Teams amtieren oft bis ins hohe Alter. Aber auch sie haben ihrem verlierenden Schützling nicht viel mehr zu sagen als: »Noch mal ran!«

*

Es sagte:

Ein Tennispsychologe: »Wenn man verloren hat, gibt es zwei Möglichkeiten, a) gleich verdrängen und b) sich an frühere Siege erinnern.«

Der Veranstalter eines Seniorenturniers: »Bei einem Oldtimer-Finale gewinnt stets der, dem es besser gelingt, die negativen Einflüsse wie Arthrose, Übergewicht, Tennisarm, Alkohol, Zigarettenkonsum usw. einigermaßen auszuschalten.«

Ein Otto-Normal-Tennisspieler beim Anblick eines Weltklassemannes: »Wenn ich soviel trainiert hätte!«

Ein Berliner Skiläufer am Ende einer Liftschlange auf die Frage, wer drängelt da so?: »Hilft et Ihnen was, wenn ick Ihnen mein' Namen nenne?«

Ein Vater zu seinem Sohn, der in der Knabenklasse am Verlieren ist und schon Tränen in den Augen hat: »Willst Du heulen oder Tennis spielen?«

Ein Berliner aus der Liftschlange zu einem, der mit der Bemerkung »Ich muß Skilaufen« sich vordrängt: »Jloben Sie, wir steh'n hier zur Polonaise an?«

Ein Dreikäsehoch im Mai in der Kitzsteinhornbahn: »Mami, hier stinkt's mehr als ich!«

Ein Altsenior zu einem Jungsenior, nachdem er in zwei Sätzen verloren hat: »Vor drei Jahren wären Sie für mich kein Problem gewesen!«

Ein Tennisvater zu seinem Sohn: »Du kannst Deine eigene Meinung haben und wir debattieren darüber. Aber solange Du 6:0 verlierst, mußt Du kuschen!«

Ein Senior in der Pause nach 7:6, 6:7: »Was geschieht, wenn Senioren während eines Spieles in die nächste Altersklasse aufrücken?«

Ein Tennisspieler nach 0:6, 0:6: »Ich war so stark, daß mein Gegner Angst hatte, mir ein Spiel zu schenken!«

*

Hunde - wenn - nur an der Leine

Dies geschickt redigierte Plakat befindet sich an der Schwingtüre eines renommierten Tennisclubs. Es spiegelt den hin und her wogenden Kampf zwischen Vorstand und Hundebesitzern wider, der seit Jahrzehnten überall geführt wird, wo man Tennis spielt. Er schläft zwischendurch ein, entbrennt dann wieder, meist wenn jemand gebissen oder zu konsequent angekläfft wird, glimmt aber stets unter der Asche weiter.

»Es ist ganz klar, daß Hunde nicht auf die Anlage gehören, aber meiner ist so ruhig und gut erzogen, das ist etwas ganz anderes!«

Das wäre soweit in Ordnung. Nur haben wir etwa 50 Mitglieder, bei denen es etwas anderes ist. Also verbietet man Hunde. Sie kommen natürlich doch, aber durch das Verbot wenigstens angeleint, worauf sich der Vorstand der Realität, durch oben erwähntes Plakat, anpaßt. Zum Beispiel der Schäfer von Dr. K. Der spielt Mittwoch morgens und wenn die Plätze noch feucht sind, besonders im Frühling, kann der Platzwart nachher, nach Pfadfinderart die Spuren quer über die Anlage verfolgen. — Aber sonst ist er wirklich brav!

Dann der winzig kleine Yorkshire-Terrier, der jeden Fremdling wütend ankrakeelt, nicht laut, dazu ist er zu klein, aber durchdringend und schrill. Doch er ist stets angeleint und läuft auch nie über die Plätze. Er würde auch keine Spuren hinterlassen, dazu ist er zu leicht. Gebissen hat er auch noch niemanden.

Ein einziger, ein Basset, ist wirklich vorbildlich. Der liegt immer regungslos und still unter der Bank am Platz, auf dem sein hübsches Frauchen spielt; — und wenn die beiden gehen, kann man, sogar wenn man neben der Gattin sitzt, ungestört den langen, braunen

Beinen nachträumen und sagen: »Sieh mal — der hübsche Hund!«
Und natürlich die silbergraue Dogge. Sie ist sehr groß, sehr wohlerzo-
gen, sehr dekorativ und sehr gutmütig; das ist bekannt und weil sich
daher jeder ohne Risiko als Dompteur präsentieren kann, ist sie
darüber hinaus auch sehr beliebt. Sie allein darf den Club ohne Leine
betreten. Das ist anerkanntes Gewohnheitsrecht. Die Kleinen wissen
das, aber sie halten die Schnauze, denn Senta ist wirklich sehr groß!
Gar nicht zu reden von den zahlreichen schwarzen, grauen und
cognacfarbenen Zwergpudeln. Die zittern, wenn sie einen Tennisball
seh'n und sie seh'n immer einen. Aber irgendwie haben diese
Sonnyboys der Hundewelt Narrenfreiheit und ausnahmslos und
jederzeit ein zur Haarfarbe fein abgestimmtes Zaumzeug.
Seit gestern hat unser Vorstand einen jungen, schwarzen Spaniel. Da
wird es wohl in der nächsten Zeit etwas lockerer und ich kann's mal
wieder mit meinem Rauhhaardackel wagen. Ob er immer noch so
gern am M-Platz nach Mäusen gräbt?! —

Ruhetag

Jeder Clubwirt hat einen Ruhetag. Da muß das Après-Bier auswärts eingenommen werden. Sonderbarerweise haben fast alle in der Nähe liegenden Tennis- und Sportvereine oder Kneipen gleichzeitig Ruhetag. Das ist einer der wenigen Punkte, in denen eine ausgezeichnete und reibungslos funktionierende Abstimmung erreicht wurde.

Diese perfekte Koordinierung bringt es mit sich, daß die einzige offene, sich in der Nähe befindliche Gaststätte, am Tage X stets überfüllt ist, die Bedienung daher nicht funktioniert und das Pils zwar läuft, also gut sein könnte, aber stets zu schnell gezapft wird und daher nicht gut ist.

Die Folge davon: Bedienung, Stamm- und Nachbargäste nebst Wirt sind sauer, und zwar jeder auf jeden. Natürlich schimpft man bei dieser Gelegenheit auf den Ruhetag im allgemeinen, weil man im Unterbewußtsein die Unentbehrlichkeit des Pächters bemerkt.

Tags darauf ist alles wieder normal. Man sitzt friedlich und kompromißbereit im Club und bemängelt höchstens, daß zu wenig Mitglieder da sind.

Der Ruhetag ist so besehen eine psychologisch wichtige Einrichtung zur Festigung der Zufriedenheit mit dem eigenen Clubleben und sollte daher stets beibehalten werden.

*

Einem Tennisfreund zum 50-sten

Uns' Hannes, sportlich durch und durch,
im Antlitz zwar schon manche Furch'
und oben drauf zwecks Image-Stütze,
zur Tarnung — die Prinz-Heinrich-Mütze,
rief neulich an und lud uns kurz —
zu seinem 50-sten Geburts!

Betreibt schon lang fast jeden Sport
und jeden an 'nem andren Ort.

Zum Tennis ist der Club ihm gut,
für Ski — das Kitzsteinhorn es tut.

Zum Motorjachten und zum Segeln
und zwischendurch auch mal zum Kegeln,
erbaut er sich 'nen Bungaloff,
in Nußdorf, wo auch ich schon soff!

Auch in der Fußballwelt bekannt,
wird er als Fachmann oft genannt. —

Er hat es wirklich manchmal schwer,
doch schafft er quasi nebenher,
außer dem Hobby Riesenschlauch,
die Gattin und die Tochter auch.

Und überdies spontanerweise,
mal plötzlich eine Studienreise.
Kürzlich mit Eders nach Paris.
Dort sah man das, dort sah man dies,
war allerdings erst richtig froh,
im kleinen Notre Dame Bistrot.
Auch wenn wir ins Museum mußten,
vergaß er niemals die Langusten.
Selbst vor Manets, Renoirs, Corrots,
auch nie die hübschen Lido-Po's!

Man sieht, ein Mann mit vielen Seiten,
kann viele Aufgaben bestreiten.

Doch einst, wenn er mal funfundfunfzig,
sagt Busch, wird's Zeit daß die Vernunft sich
dann endlich regt und zu ihm spricht:
»Hör Alter, das bekömmt Dir nicht!«
Doch sieht, wie ich er stets ein Loch —
durch das es raunt: »S' bekömmt Dir doch!«

Prost Hannes! Hoch!! und weg die Feder!
Gut Holz, Ahoi, Skiheil, Dein Eder!

*

90

Einem Tennisfreund zum Senioren II-igsten

Solang die Vier noch vorne ist,
was hinten steht, man gern vergißt.
Und wird man 50, fängt sodann
das Gleiche mit dem Fünfer an.

Ich kenne nun der Jahre Lauf —
mit 60 hört das auch nicht auf.
Und ist die Sechs dann weggeblieben —
beginnt's mit sieben.

Bis 79 meint man dann,
mit 80 fängt das Alter an.
Doch mancher hat's schon mit der Acht,
genau wie mit der Fünf gemacht.

Die Zahl dahinter wird stets übersehn —
denn die davor bleibt ziemlich lange stehn.
Nur wenn die wechselt, wird's ab 80 peinlich;
Da wird man, sagt man, dann doch etwas kleinlich.

So will ich Dich,
trotz Zipperlein und Gliederreißen,
zunächst als Veteran,
herzlich willkommen heißen!!

Tennis-Skisurfer

Surfen liegt zwischen Wasserskifahren und Segeln. —
Tennisspieler wollen überall und immer mitreden, also überwinden
sie sich und versuchen heimlich zu surfen. Irgendwo, irgendwann.
Aber sie werden nie Spitze, denn erstens ist zumeist der Surfsee zu weit
entfernt und zweitens verbraucht man 98% der Freizeit am roten
Sand. Doch, und das ist entscheidend — man kann mitreden. Und wie
man mitredet richtet sich, wie beim Skifahren, nach fünf Zuhörer-
gruppen:

1. Solche, mit denen man ganz sicher nie gemeinsam surft oder eben skifährt. Zu dieser Kategorie gehören auch total Ahnungslose. Hier kann man der Phantasie freien Lauf lassen — doch macht es sich gut und erhöht die Glaubwürdigkeit, soweit es Surfen angeht, von anfänglichen, möglichst komischen Schwierigkeiten zu berichten. Als Skifahrer können sie hier hemmungslos auftragen. Langkofel-Scharte, Jakobshorn, Plattjen, Langfluh... Chämi-Stuben, La ferme, Tenne usw., usw...

2. Solche, mit denen man vielleicht mal gemeinsam ... — Hier ist etwas Zurückhaltung am Platz. Wenn man von seinem Können spricht, empfiehlt sich der Zusatz: »So zum Hausgebrauch langt es gerade.« Dann gibt es im Ernstfall eine positive Überraschung und Peinlichkeiten werden vermieden.

3. Solche, mit denen man sicher zusammen kommt, deren Können jedoch eine unbekannte Größe ist. Hier gilt Alarmstufe eins. Höchste Vorsicht ist geboten! Am besten untertreiben, dann kann nichts passieren.

4. Solche, die einen ganz sicher sehen, weil man mit ihnen befreundet ist und die wesentlich besser sind, als man selbst. Hier heißt es, demütig sein und den Meister anerkennen. Nur so ist eine Koexistenz zwischen ungleichen Partnern tragbar. Man profitiert noch dabei und lernt die Rolle des Könners, die man dann gelegentlich vor solchen spielen kann, die in der Rangliste etwas mehr unten stehen.

5. Solche, die einen ebenfalls ganz sicher sehen, weil man mit ihnen befreundet ist, die aber wesentlich schwächer sind. Hier ist das Verhalten nach Punkt eins angebracht.

Surfer, sofern noch nicht fortgeschritten, pflegen, wenn die Brise etwas steifer wird, gerade keine Lust zu haben, oder Appetit auf einen Happen zu verspüren. Bei Flaute brechen sie auf und schimpfen, daß wieder mal Flaute ist!

Die Fortschritte eines Surfers lassen sich daraus ablesen, ob er zum Anlaufen Hartgeld oder Papiergeld einstecken hat. Nur Fortgeschrittene laufen an, weil ein lässiges Anschweben an einem bevölkerten Steg etwa das gleiche Gefühl vermittelt, wie ein perfektes Abschwingen nach dem letzten Schuß vor der Liftschlange oder das Auftreten am Urlaubstennisplatz zum Finale des Gästeturniers.

Nur Könner surfen mit Papiergeld. Aber soweit muß man nicht sein, um mitreden zu können.

Tenniswedler

Es ist gar nicht so lange her, daß man im Sommer das eine und im Winter das andere tat. Heute rüsten sich die Skiorte immer mehr mit Tennishallen aus, damit die skifahrenden Tennisfans den weißen Ball auch auf der Piste nicht ganz aus dem Bewußtsein verdrängen müssen.

Gäste sind anspruchsvoll. Man muß ihnen etwas bieten. Das hat in grauer Vorzeit mit den Wirtshäusern begonnen, die ihre Türen den Fremden öffneten und den Blick auf den einheimischen Stammtisch freigaben. Es ging weiter mit den »Jausenstationen«, die im Winter weiß verschneit zu Skihütten wurden. Jausenstationen sind Wirtshäuser, die den Touristen nachgeklettert sind. Heute gibt's Superhotels bis in schwindelnde Höhen und die Tennishallen sind uns bis an die Talstationen nachgestiegen.

So ab 17.00 Uhr, wenn der Pistenrausch verraucht, die Loipen leergelaufen sind, hat uns der vertraute Ton des Bälleklopfens eingeholt. Und hier zeigt sich's: Es gibt Skitennisspieler und Tennisskifahrer. Jener hat oben die Nase lässig vorn, verlangsamt dann sichtbar seine perfekten Kurzschwünge, um großzügig zu warten. Dieser rächt sich unten durch bösartige Aufschlagasse, Stops, Volleys und Passierschläge.

Nachher beim Bier verschwimmen die Konturen, denn Ski plus Tennis ergibt doppelten Durst und der gleicht den Tageskartenschweiß nebst Tennisschwund mühelos aus. Die Gewichtskorrektur allerdings muß leider wieder verschoben werden...

96

Après-Ski

— hat mit Skilaufen an sich nichts zu tun, ist jedoch in seiner neuklassischen Erscheinungsform pur undenkbar; weil die Atmosphäre dazu gehört. Das befreiende Abhaken des Idiotenhügels, der Familienabfahrt, einer Roten, Schwarzen, der Tofana, Streif oder des Lauberhorns. Wie auch immer, das Sieggefühl ist entscheidend.
Aprés-Ski ist die unsportlichste Konsequenz eines herrlichen Sports.
Aprés-Ski ist in seiner Urform die überschäumende Freude, die sich stets nach Überwindung eines Angstgefühls einstellt.
Geht man auf Mädchensuche oder -fang, geht man, das Jahr der Frau ist längst vorbei, doch die Gleichberechtigung geblieben, auf Männersuche oder -fang, stehen Kitz, bürgerlich Kitzbühel, Moritz oder Anton in nichts, aber auch gar nichts, Kampen und St. Tropez nach.
Nur, daß die vorletzten Erkenntnisse hier bereits avant und dort après gewonnen werden. Aber das gerade ist der besondere Reiz, daß man beim Après-Ski die Katze in der Jet-Hose kaufen muß. Na, und?
— Die Augen sind geschult und was ist schöner als Neugier!
Tennis liegt in der Mitte und wenn man genau hinsieht und angesichts der Tennismode von heute kann man sagen, in der goldenen. Aber ein Après-Tennis, wie beim Skilauf in den Bergen, gibt's nicht — weil Tennis im Alltag stattfindet.
Und Après im Alltag knistert nicht. Das Après-Ski im Urlaub dagegen hat mehr Avant-Charakter... es knistert.

*

Ich träume...

— oft von weiten, weißen Hängen,
mal steil, mal nicht so sehr, doch immer frei.
Und daß die Schwünge schwebend leicht gelängen
und auch ein schwereloser Sprung ist meist dabei.

Die Wirklichkeit besteht aus Fersenschüben —
aus dem Befehl zu üben, üben, üben!
Und nur der Lehrer wedelt durch die Bäume,
wie ich, wenn ich mal wieder davon träume.

Doch später bei den Skiurlaubsberichten,
wird stets ein wenig Traum sich still herüberdichten!

Bei Tennis ist's ein noch viel härt'res Brot,
nur, anstatt weiß träumt man dort rot!

*

Alte Bauernregeln
und Tennisweisheiten

Der Aufschlag muß im Januar krachen,
dann kann der Tennisfrühling lachen.

Spielen die Mücken im Februar,
brauchst Du Pullover das ganze Jahr.

Bist Du im ersten Satz zu kalt,
ist das Match verloren bald.

Märzen Schnee
tut dem Platzwart weh'.

Hasen, die im März schon springen,
werden sicher ein Mixed Dir bringen.

Hat der Has' ein schönes Fell,
schnapp' ihn zum Gemischten schnell.

6:0, 6:1 am Joseftag,
spart uns im Mai viel Müh' und Plag'.

Superform und Jungfernpracht,
halten oft kaum eine Nacht.

Aprilwetter und Tennisglück,
wechseln jeden Augenblick.

Rufst Du im April,
kummt sie wann sie will.
Rufst Du im Mai,
mixed sie glei'.

Läuft die Vorhand im Mai,
kommt ein gutes Jahr herbei.

Sitzt ein As am Urbanstag,
bleibt gut die Form nach alter Sag'.

Wenn's im Juni viel regnet,
wird die Halle gesegnet.

Wie Dein Stop zu Medardi fällt,
er bis Monatsende hält.

0:6 am Siebenschläfertag,
man sieben Wochen nicht mehr gewinnen mag.

War's im siebten Spiele Mist,
so der Satz verloren ist.

Ein guter Aufschlag am harten Platz,
ist oft der Schlüssel zum ganzen Satz.

Wenn die Johanniskäfer glüh'n,
die meisten Endspielträume blüh'n.

Vor Johannistag,
man keine Hochform loben mag.

Juli heiß und schwül,
braucht der Spieler Hemden viel.

Ein tüchtig Juli Gewitter,
ist gut für Stopper und Schnitter.

Ist der Sommer heiß und trocken,
gibt es öfter feuchte Socken.

Wenn der Kuckuck im August noch schreit,
gibt's eine lange Hallenzeit.

Was Du im August nicht gemocht,
der September nicht mehr kocht.

Doppelfehler am Laurenzitag,
gibt es große Aufschlagplag'.

Werden im September die Bälle schon rot,
ein strenger Winter droht.

St. Gall' treibt die Spieler zur Hall',
St. Martein treibt sie gar hinein.

Wenn der Herbststurm beschließt das Jahr,
laß' den Lob im Repertoire.

Ist der Oktober hell,
wachsel die Skier schnell.
Schneit's im Oktober schon,
laß' sie noch liegen mein Sohn.

Ist der Oktober freundlich und mild,
kannst Du im März noch wedeln wie wild.

Skiurlaub

Es gibt vielerlei Möglichkeiten einen Skiurlaub zu planen:
Man will zum Beispiel ausruhen, dann fahre man mit Familie.
Oder — man will weiterkommen und kann eventuell längeres, beruf-
liches Fernbleiben riskieren. (Bergunfallstationen sind meist hübsch
gelegen.) So fahre man mit Freunden, die es wesentlich besser können
und dies gern zeigen.
Oder — man benötigt Erfolgserlebnisse und Selbstbestätigung. Dann
verabrede man sich mit Freunden, die wesentlich schwächer sind.
»Kommt ruhig mit uns, wir tun gern mal langsam und außerdem
wollen wir uns wirklich erholen.« Das wird oft geglaubt und garan-
tiert das ersehnte Hochgefühl.

Man kann natürlich auch allein, was die erfrischende Möglichkeit bietet, mal ganz anders zu hupfen, als man gewöhnlich springt. Diese Variante entrückt die Jüngeren dem Bremskreis der Eltern und die Älteren dem des Partners. Das bringt zwar mehr Fahrt, aber auch Schleudergefahr.

Den totalen Streß bringt Gruppenskilauf. Hier lebt und fährt man 14 Tage und 14 Nächte lang klar über seine Verhältnisse. Hier kämpft man pausenlos um den Anschluß oder die Führungsposition und wenn es den Büroschlaf nachher zu Hause nicht gäbe — der Gruppenskilauf wäre kaum zu verkraften.

Ähnliches bis gleiches gilt für Bandol oder Marbella, nur daß die Droge Meer die Wirkung der Berge bei manchen noch übertrifft. Ganz bevorzugte sind bi...

Immer jedoch stelle man weise und rechtzeitig die Weichen — denn ein klein wenig »corrigeè la fortune« gehört nun einmal dazu.

Tennis und Kegeln

Viele Tennisspieler kegeln. Das hat seinen Grund nicht etwa darin, daß irgend eine Gemeinsamkeit zwischen den beiden Sportarten besteht, oder daß Tennisspieler automatisch eine besondere Vorliebe für Rundungen hätten. Man könnte zwar behaupten, daß es in beiden Fällen darum geht, geschickt mit solchen zu manipulieren, aber dann müßten jene auch ausgeprägte Busenfetischisten sein, was erwiesenermaßen nur in normalem Umfang der Fall ist.

Der Grund dafür, daß tatsächlich Tennisspieler so häufig kegeln, ist ein anderer. Jeder Vorstand hat, sobald er sein Amt antritt, aus bisher ungeklärten Gründen die Zwangsvorstellung, daß zu einem arrivierten Tennisclub eine Kegelbahn gehört. Da abends im Club sowieso nichts los ist, im Winter zweimal nichts, man aber doch einmal in der Woche gerne etwas unternimmt ohne sich besonders in Schale werfen zu müssen, man ebenso gerne ein Bier oder drei bis vier Biere trinkt und sich wenigstens etwas dabei bewegen möchte, um den Kalorienhaushalt nicht zu sehr außer Kontrolle zu lassen, läuft alles wie geplant. Der Vorstand sieht sich bestätigt, die Kegelbahn amortisiert sich fast so schnell wie die Halle und alle sind zufrieden. Ein seltener Fall, der den Bestand der Kombination Clubhaus — Kegelbahn sichert.

Wenn Tennisspieler kegeln, bevorzugen sie Spiele, die irgendwie an den Hauptsport erinnern. Da der Kampf Mann gegen Mann praktisch wegfällt, werden zunächst Einzeldisziplinen, alle gegen alle, durchgeführt, aber bald zum Mannschaftskampf übergegangen. Typischerweise ist dabei das Sechstagerennen, als klare Variante des Mixed, sehr beliebt.

Wer jedoch denkt, daß beim Kegelabend der Ehrgeiz zwischen den weißen Linien geblieben ist, der irrt. Sage mir, wie Du Tennis spielst, und ich sage Dir, wie Du kegelst! — Da ist der bedächtige Bringer, der die mittelgroße Kugel nicht zu wuchtig, aber mit Effet hinausdrückt und ihr nachblickt, um den Erfolg ebenso ruhig zur Kenntnis zu nehmen. Dort der Netzstürmer mit dem Bombenaufschlag, der die Dicke hinauskrachen läßt — alles oder nichts! Da der Filigrantechniker, der stets auf einzelne eingesetzt wird und dort der Spieler, der nur gewinnen kann, wenn es darum geht, Mannschaftsgeist zu zeigen. Und wie draußen am roten Sand, verrät die Miene alles, wenn ein

Schuß ins Leere ging oder wenn die Klingel »alle Neune« verkündet. Doch schon bevor er sich umdreht, er oder sie, kann man an der Sprache des Rückens, der Beine, der Arme, die Zahl der gefallenen Kegel ablesen.

Erwähnenswert wäre noch der alljährliche Kegelausflug, der bei Keglern aller Art gleichermaßen programmiert ist. Beim Gemischten wird zwischendurch gewandert, beim reinen Herrenausflug bleibt die Durstampel Tag und Nacht auf grün hängen.

Kegler — und hier sind sich alle gleich — sind ausnahmslos große Pantomimen und beim Tennisspielenden erkennst Du darüber hinaus selbst die Vorhand auf der Kegelbahn wieder. So treu bleiben wir uns! —

Herbstliches

Früher war das noch viel schlimmer. Wenn die Dahlien blüh'n, die Astern kommen und der Sonnenpfeil stumpf wird, wenn die Sonnentage stiller werden, ist sowieso jeder, der noch einen Rest von Seele hat, down, aber am downsten eben der homo tennisiensis.

Früher, als es noch keine Hallen gab, als man noch behelfsweise in Turnsälen unangenehm auffiel, früher war es noch viel, viel schlimmer; da war für einen echten Tennisnarren die herbstliche Netzabnahme kaum zu verkraften.

Die letzten Tennistage im Freien. Blätter liegen auf dem roten Sand, die der Platzwart einfach nicht wegkriegt. Vielleicht auch, damit man endlich merkt, daß es keinen Wert mehr hat. Die Bälle sind nach fünf Minuten rot, schwer und feucht, der Boden seifig, er glänzt und blendet in der schrägen Sonne.

Gut — die meisten Tennisspieler fahren Ski. Aber erstens kann man nicht den ganzen Winter fast täglich skilaufen und zweitens gibt es eben für uns keinen echten Ersatz. Auch die Tennishalle — die noch so perfekteste Tennishalle ist es nicht — wenn die Türe aufschwingt und ein kalter Zug ein paar Schneeflocken hereinweht. Aber es ist doch nicht mehr so schrecklich, wie ganz früher, als es noch gar keine gab.

Wenn es Herbst wird, beginnt ein kluger Pächter zu veranstalten. Im Süden Abende mit neuem Wein und Zwiebelkuchen, mehr oben Eisbein mit Sauerkraut — Gelegenheit den Gram zu ertränken, zu zerkauen, zu zerreden, bis es endlich wieder soweit ist.

Aber selbst bei uns geht einmal die Hallensaison zu Ende. Draußen bereiten sich die Forsythien auf die Premiere vor. Auf den Plätzen wird gescharrt und gewerkt. Am Sonntag kommen sie in Scharen und meinen, man könnte eigentlich schon am nächsten Wochenende, wenn, ja wenn der Vorstand auf Draht wäre.

Dann gibt es erfahrungsgemäß noch einen kalten Rückschlag. Aber eines Tages ist es soweit und der rote Sand hat uns wieder. Am 15.3., 1.4., 15.4. oder 1.5., je nachdem, wo man auf Grund irgendeines merkwürdigen Zufalls lebt und Tennis spielt und falls man sich an einem unserer nebelverhangenen Novembertage nicht entschließt, auszuwandern.

Die Tennishalle

Ein Tennisnarr zum andern sprach:
Was soll's — der Winter nur mit Schach,
mit Skat und Ski und mal ein Fest —
das gibt uns sicher noch den Rest.

Das Leben in den grauen Tagen,
ist nur mit Tennis zu ertragen!
Und lechzend nach dem weißen Balle,
baut er die erste Tennishalle.

Seither geht's auch im Winter weiter,
die Basis wurde dadurch breiter,
und auch dem Wirt ein jeder nützt,
der's Jahr über beim Tennis schwützt!

Tennishallen gleichen Hallenbädern. Man kann auch in der entgegen-
gesetzten Jahreszeit, nur ist das Wasser in jenen dem draußen
ähnlicher, als der Hallenboden dem guten alten roten Sand. Das hat
Folgen für Beine und Knochen und nicht nur bei Senioren. Die Luft
allerdings ist gleich muffig, doch kommt im Hallenbad, dank der
Reinlichkeit, noch eine leicht medizinische Note hinzu.
Es gibt Hallenspezialisten, die im Winter Ergebnisse bringen, von
denen sie im Sommer nur träumen, und es gibt Spieler, die jede Halle,
ob Teppichboden oder sonst irgendeiner, ob grün oder rot, nur
widerwillig benützen, damit die anderen keinen Trainingsvorteil
haben. Das bleibt sich gleich, vom Erstausstatter bis zum Spitzenspieler.

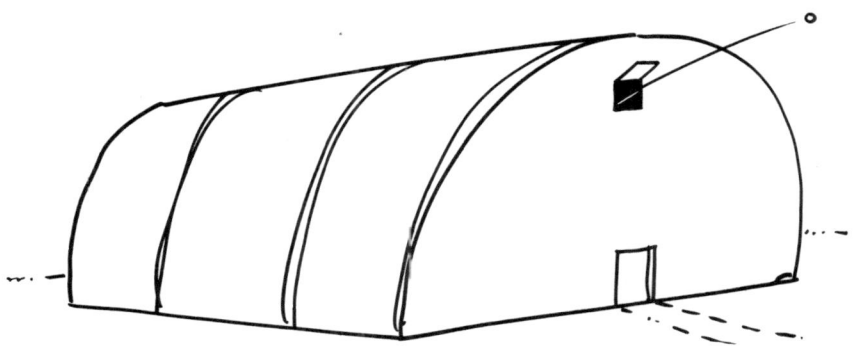

Die Ergebnisse der Hallenschlachten werden deshalb nicht so ganz ernst genommen, weil zum Beispiel jeder weiß, daß ein Kanonen-Aufschlag hier zu einer tödlichen Waffe wird. Überhaupt, die Bringer sind im Nachteil und ihr Einwurf, im Freien wenigstens plaziert, kommt in der Halle stets als Schrapnell zurück. »Nee! — Also wissen se, nee! Halle? — Nichts als ein Notbehelf!«

Das gilt für viele, aber der Winter wird eben doch freundlicher so und daher nehmen wir alles in Kauf. Das Reißen im Kreuz, das Zieh'n im Arm, das Stechen im Knöchel, und freuen uns trotzdem auf den Montag, Mittwoch oder Samstag, der die Wintermonate vergoldet, auch wenn die Luft, die Bäume, die Sonne, der Sand, kurz das ganze Drumrum, fehlt.

Es ist eben doch nicht so, wie bei einer schönen Halben. Die schmeckt in der verrauchten Kneipe genauso gut wie im Freien. Das ist der Unterschied zwischen Tennis und Bier — obwohl sie im Grunde genommen doch sehr eng zusammen gehören.

Feste — feste gefeiert

Der Winter- oder Weihnachtsball: Er ist der Messestand des Tennis-clubs, das Schaufenster zur Welt, der alljährliche Beweis: Da sind wir! Der Präsident hat den Auftritt des Jahres — im Smoking hält er seine Begrüßungsansprache, die, da das Mikrophon fast immer falsch oder gar nicht eingestellt ist, zumeist (oft glücklicherweise) nur zum Teil verstanden wird.

Die Mitglieder haben ihren Auftritt, wenn sie, auf Hochglanz poliert, mit ihren Damen eintreffen und damit ihre Treue bekunden, wild ent-schlossen, auch hier wieder ihren Club zu unterstützen. — Der Club-sekretär hat seinen Auftritt — die Mannschaft wird geehrt — die verdienten Mitglieder ge(n)adelt.

Eine reiche Tombola beweist die Spendenfreudigkeit und den allgemeinen Wohlstand — der Saal ist der erste der Stadt, und die Kapelle hat schon im Fernsehen gespielt.

Die alljährliche Leistungsschau nimmt ihren Lauf, und immer wieder hört man, daß man sich dabei recht gut amüsiert habe. Vielleicht ist es wahr — vielleicht aber auch nur vergleichbar den Berichten über den ewigen Sonnenschein, sauberes Meer oder Pulverschnee während des Urlaubs.

Eine Abart des Winterfestes ist der Clubfasching. Im Gegensatz zu einem normalen Fasching kennt beim Clubfasching jeder jeden. Daraus ergeben sich die ersten erheblichen Schwierigkeiten, denn nur mit bemerkenswertem Promillegehalt wird eine bekannte und daher uninteressante Maske fremd und daher interessant. Während also der Narrhallese beim Normalfasching einige Doppelte oder etwas Sekt benötigt, um unbekannte Närrinnen greifbar erscheinen zu lassen, verlangt der Clubfasching die doppelte Menge, um in allzu vertrauten Gesichern fremde Schönheiten zu erblicken. Bekanntlich verfügen jedoch nicht alle Närrinnen und Narren über den gleichen Durst, was meist zur Folge hat, daß manche Damen anderen Damen bekannt bleiben und so Schwierigkeiten ins Haus stehen können...

Ein gelungener Clubfasching müßte daher voraussetzen, daß alle Teilnehmer einen annähernd gleichen, höchstens nach Kondition abzustufenden Alkoholspiegel erreichen. Daß dies Theorie bleiben muß, ist trotz ehrlicher Bemühungen vieler Ehemänner, in der weisen Voraussicht ebenso vieler Ehefrauen, verankert.

Fazit: Lebenskluge Vergnügungswarte veranstalten anstelle eines Clubfaschings zwei Herbstabende im November, da ist es nicht schlimm, daß jeder jeden kennt. Da kann man vertraute Gesichter sogar gut brauchen, zum Ausgleich für Nebel und dergleichen.

Ansprache beim Clubfasching

Liebe Närrinnen und Narren!

Die tollen Tage sind nun, obwohl doch schon erheblich, sehr hoch-
qualifiziert eingetreten, und wenn man rückschauend die Augen
aufrichtet, so kann man doch sagen, daß eigentlich im Hinblick auf
alles, was sein hätte können, der Kehraus immerhin das ist, was wir
erreichen konnten.
Um es einmal ganz klar auszudrücken: Wenn man überhaupt, zwar
auch nicht unabdingbar das meint, was an sich gar nicht so relevant
sein müßte, so dürfte doch allenfalls diese Tatsache sehr bemerkenswert sein. Und das, meine Närrinnen und Narren, das ist es!! —
Wenn ich das alles hier so überblicke, und ich darf sagen, daß trotz
genauester Bedenken es doch so ist, daß man meinen müßte, ohne
überheblich sein zu wollen, es sei das geblieben, worauf wir alle so
stolz sein können, so wird man, ohne unserem so erfolgreichen Vergnügungswart nahe treten zu wollen, getrost dabei bleiben müssen.
Und deshalb, liebe Närrinnen und Narren, meine ich, daß ein
immerhin bis dahin Erreichtes, vor allem anderem, ich meine in der
Rangordnung vor allem anderen, eingestuft werden sollte, wenn auch
eingeschränkt gesagt werden muß, nicht unbedingt.
Es ist nicht so, daß jeder von uns gewissermaßen dort anfangen
müßte, wo man vielleicht annimmt, gewesen zu sein, aber eines, liebe
Freunde, muß uns klar werden: »Es ist höchste Zeit, daß alles das,
falls wir uns dazu bekennen, für die Verwirklichung der eigenen Ziele
getan werden muß und daß keiner von uns dort stehen bleiben darf,
wo, wenn er glaubt es zu müssen, es einfach nicht mehr möglich ist!«
In diesem Sinne ein dreifach gemäßigtes Helau!! — Alaaf!! — Helau!!
— Unserem T.C. Grau-Weiß!!

Man darf sich nie auf das Gedächtnis eines Tennisspielers verlassen, aber ebenso wenig auf seine Vergeßlichkeit, hätte Talleyrand gesagt, wäre er einer gewesen...

Auf der letzten Seite angelangt, muß ich zugeben — das Buch ist stellenweise etwas seniorenlastig; aber erstens sind Senioren sowieso gewichtiger und zweitens wird ein Normaltennisspieler nach den ersten Bambinotränen, von Ausnahmen abgesehen, erst ab 45 zum echten Thema.

Eine Senioreneigenschaft allerdings wurde nicht erwähnt, vermutlich weil ein solcher die Feder führte — ihre Vergeßlichkeit (Hemden, Shorts, Schläger, Bälle, Schlüssel, Tennisschuhe usw.). Ihre Vergeßlichkeit, sofern es sich nicht um eigene Siege handelt.

» Weißt Du noch damals in Baden-Baden, 6:2, 6:3!!!«

* * *

Inhaltsverzeichnis